ゼッタイわかる 中学公民

監　　修＝伊藤賀一
（スタディサプリ講師）

キャラクター
デ ザ イ ン＝モゲラッタ

カ バ ー
イラスト＝れい亜

漫　　画＝あさひまち

JN039622

［装丁・総扉デザイン］　川谷デザイン
［本文デザイン］　諸橋藍
［登場人物紹介・アイコン・SDキャラライラスト］　モゲラッタ
［構成協力］　エデュ・プラニング合同会社
［組版］　株式会社フォレスト
［校正］　株式会社鷗来堂
［図版］　株式会社アート工房、佐藤百合子
［編集協力］　オフィスファイン

あらすじ

5人しか部員のいない「軽音同好会」に所属する中学3年生――
基、六花、春、洸、茉里たちは、
部員の増えない様々な事情を抱えつつも、
にぎやかで騒がしい毎日を過ごしていた。

しかし、3年生になったばかりの始業式後、
基は突如学年主任に呼び出され、破天荒な六花、能天気すぎる洸、
兄弟の世話で忙しすぎる春ら3人の壊滅的な成績不振を理由に、
「このままだと廃部」という衝撃的な宣告を受ける。

まさかの危機に猛然と立ち上がった基のミッションは
「3人にテストで平均点以上を取らせる」こと。

アルファベットの読み方や
プラス・マイナスの考え方までさかのぼり、
基は同じく成績優秀な茉里とともに、
練習の合間をぬってスパルタ授業を開始するのだが――。

CONTENTS もくじ

Chapter 01 現代社会と多様性 ・・・・・・・・ 011

Chapter 02 日本国憲法と国民の権利 ・・・・・・ 023

Chapter 03 民主政治の仕組み ・・・・・・・・・・ 045

CHARACTERS | 登場人物紹介

黒岩 茉里
▶ くろいわ まり

♪ 担当楽器
キーボード

Mari Kuroiwa

筋金入りのお嬢様。透き通るような肌、整った顔立ちで学園のマドンナ的存在。軽音同好会以外ではあまり友達がいない。勉強は基と同じくらい成績優秀。ツッコミがかなり毒舌で辛辣。

伊坂 基
▶ いさか もとい

♪ 担当楽器
ベース

Motoi Isaka

ド真面目で成績優秀な軽音同好会会長。根暗で機材オタクな一方、ツッコミの速さには定評がある。人と深くかかわらないほうだが、同好会メンバーの半ばウザ絡みとも言える暑苦しさの結果、矯正されつつある。大人びているが頼られると調子に乗るところも。

Rikka Makinose

Haru Tanouchi

Kou Ikehata

田乃内 春
▶ たのうち はる

♪ 担当楽器

ドラム

大家族の長男。朝は毎日戦争でぐったりしているが、学校は大好きで皆勤賞。第一印象のよさはピカイチ。勉強はニガテなものの、察したり理解したりする能力が高いため、成績アップのスピードも速い。

牧野瀬 六花
▶ まきのせ りっか

♪ 担当楽器

ボーカル

コテコテの関西弁を操るギャル。とにかく我が強く、押しも強い。すぐ叩く。恋愛に関してはピュアなところがあり少女漫画を愛読している。父親は一代で財を成した大金持ち。ペットは錦鯉の「おたま」。

池端 洸
▶ いけはた こう

♪ 担当楽器

ギター

運動神経抜群で見た目の華やかさと明るい性格で、誰からも好かれるムードメーカー。勉強は大のニガテで、基に「顔と運動神経に全振りしたステータスを1ミリでもいいから頭に回してやりたかった」と言わしめた。口癖は「お腹すいたな〜」。

まずはぼくたちの会話から、そのチャプターの概要をざっくり頭に入れてみてね！

1テーマは2ページ構成で進めてくで〜！

の部分は、えんぴつでなぞりながらウチらと一緒に勉強してこーや！

俺らの会話を聞いてテーマの内容が頭に入ったところで、右ページの練習問題にチャレンジしてみてくれ！　答えは巻末にまとめてあるぞ。解いたら解きっぱなしにしないで、ちゃんと答え合わせするように！　約束な！

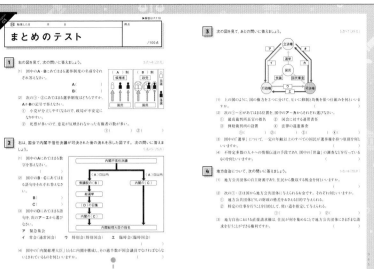

まとめのテスト　/100点

勉強した日　月　日

1 右の図を見て、次の問いに答えましょう。
(1) 図中のA・Bにあてはまる選挙制度の名前をそれぞれ答えなさい。
A(　　　　)
B(　　　　)
(2) 次の①・②にあてはまる語句はどちらですか。A・Bの記号で答えなさい。
① 小党が分立しやすくなるので、政局が不安定になりやすい。
② 死票が多いので、意見が反映されなかった有権者の数が多い。
①(　　　) ②(　　　)

2 右は、国会で内閣不信任決議が可決された後の流れを示した図です。次の問いに答えましょう。
(1) 図中のAにあてはまる数字を答えなさい。
(2) 図中のB・Cにあてはまる語句をそれぞれ答えなさい。
B(　　　　)
C(　　　　)
(3) 図中のDにあてはまる語句を次のア〜エから選びなさい。
ア 緊急集会
イ 常会(通常国会)　ウ 特別会(特別国会)　エ 臨時会(臨時国会)
(4) 図中の「内閣総理大臣」とともに内閣を構成し、その過半数が国会議員でなければならないとされているものを何といいますか。

3 次の図を見て、あとの問いに答えましょう。
(1) 上の図のように、国の権力を3つに分けて、互いに抑制と均衡を保つ仕組みを何といいますか。
(2) 次の①〜④にあてはまる役割を、図中のア〜カからそれぞれ選びなさい。
① 最高裁判所長官の指名　② 国会に対する連帯責任
③ 弾劾裁判所の設置　④ 法律の違憲審査
(3) 図中の「選挙」について、一定の年齢以上のすべての国民が選挙権を持つ原則を何といいますか。
(4) 不特定多数の人々への情報伝達の手段であり、図中の「世論」の調査などを行っているものを何といいますか。

4 地方自治について、次の問いに答えましょう。
(1) 地方公共団体の自主財源であり、住民から徴収する税金を何といいますか。
(2) 次の①・②は国から地方公共団体に与えられるお金です。それぞれ何といいますか。
① 地方公共団体どうしの財政の格差をおさえる目的で与えられる。
② 特定の仕事を行うことを目的として、使い道を指定して与えられる。
(3) 地方自治における直接請求権は、住民が何を集めることで地方公共団体にさまざまな請求を行うことができる権利ですか。

1つのチャプターが終わったら「まとめのテスト」にチャレンジしてみてね。
ちなみに、「練習問題」と「まとめのテスト」は、無料でダウンロードできるPDFを印刷すれば、何回でもチャレンジできるよ!

Mari

Theme 17　三権分立

練習問題

1 次の三権分立の図中のA〜Cにあてはまる語句を答えましょう。また、D〜Gにあてはまる語句を、下からそれぞれ選びましょう。

A(選挙) B(世論)
C(国民審査) D(弾劾裁判所の設置)
E(最高裁判所長官の指名) F(衆議院の解散の決定)
G(内閣不信任の決議)

[最高裁判所長官の指名　衆議院の解散の決定　弾劾裁判所の設置　内閣不信任の決議]

最重要まとめ

✓ 日本の三権分立は、国民が選んだ代表で構成される国会が最も重要な地位にある。
✓ アメリカでは大統領制のもとで、厳格な三権分立がとられている。

憲審査とか違憲・違法審査という言葉が使われているけど、これはどういう審査のこと?

司法権を担当する裁判所は、国会が制定した法律、内閣による命令・規則・処分が憲法に違反していないかどうかを審査することができる。これを違憲審査制といって、憲法を国の最高法規とする考えに基づく制度なんだ。

違憲審査は、どの裁判所もできるの?

できる。しかし合憲と違憲、つまり憲法に合っているのか、それとも違反しているのかを最終的に判断するのは最高裁判所なんだ。だから、最高裁判所は「憲法の番人」と呼ばれている。

かっこいい呼び名やな〜。最高裁判所が違憲って判断したらどうなるん?

これまでの例だと、国会で法律を改正して、最高裁判所から無効の宣告を受けた部分を削除したり憲法に合うように変更したりしているぞ。

練習問題

▶解答は P.117

1 次の三権分立の図中のA〜Cにあてはまる語句を答えましょう。また、D〜Gにあてはまる語句を、下からそれぞれ選びましょう。

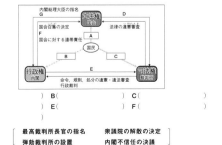

A(　　　　) B(　　　　) C(　　　　)
D(　　　　) E(　　　　) F(　　　　)
G(　　　　)

[最高裁判所長官の指名　衆議院の解散の決定
弾劾裁判所の設置　内閣不信任の決議]

練習問題やまとめのテストを解き終えたら、必ず答え合わせをして、まちがえたところを確認しようなー!
「まちがえたところ=ニガテなところ」だから、テストでも落としやすいんだってさ!
そのままにしておかないのがだいじだぞ!

Kou

解きなおしPDF
無料ダウンロード方法

本書をご購入いただいた方への特典として、

📄 **練習問題＋まとめのテスト　解きなおしPDF**

を無料でダウンロードいただけます。
記載されている注意事項をよくお読みになり、ダウンロードページへお進みください。

https://www.kadokawa.co.jp/product/322206000774/
［ユーザー名］zettai_chugaku_civics
［パスワード］mari_397

上記のURLへアクセスいただくと、データを無料ダウンロードできます。
「ダウンロードはこちら」という一文をクリックして、ユーザー名とパスワードをご入力のうえダウンロードし、ご利用ください。

【注意事項】
●ダウンロードはパソコンからのみとなります。携帯電話・スマートフォンからのダウンロードはできません。
●ダウンロードページへのアクセスがうまくいかない場合は、お使いのブラウザが最新であるかどうかご確認ください。また、ダウンロードする前に、パソコンに十分な空き容量があることをご確認ください。
●フォルダは圧縮されていますので、解凍したうえでご利用ください。
●なお、本サービスは予告なく終了する場合がございます。あらかじめご了承ください。

01

現代社会と
多様性

Theme | 01 ›› 03

現代社会の特色

それじゃあ，公民に手をつけていくわけだが……まずは現代社会の特色からだな。

現代社会では大きな 3 つの変化が起こっていると言われてるんだけど，何かわかる？

さっきのスシパでもっくんが言ってた「**グローバル化**」やないの？

人やモノが国境を越えて移動することだったよね？

そうそう。今回学ぶ 1 つ目の変化だな。

スポーツもグローバル化してるよな！　日本人も世界のチームで活躍してるし。

うん。そして人やモノだけじゃなく，**お金や情報も国境を越える**から，**世界の一体化**が進むんだよ。

お金も国境を越えるってことは，貿易も盛んになるってこと？

その通りだ。そうして**国際競争**が行われるようになるが，やがては**国際分業**に落ち着いていく。

> **POINT**
> 国際分業
> 各国が得意な商品をつくり，貿易によって交換すること。

輸出入がしやすくなると，各国が「**自分の国がつくりやすい商品を売って，つくりにくい商品は外国から輸入しちゃえばいい**」と考えるようになるんだね。

でも日本の場合，外国から食料を輸入することが増えてしまったから，グローバル化によって 食料自給率 の低下が進んだとも言える。

こんな感じでグローバル化が進んだ 1 つの要因として，情報化があるよ。

2 つ目の変化だな。情報化は，**社会の中で情報が大きな役割を果たすようになる**ことだ。

> **POINT**
> 情報化
> ICT（情報通信技術）の急速な発達のもとで進行している。

オレたちもインターネットがないと生きていけないもんな〜。

いつでも連絡が取れるし，なんでも調べられるもんね。最近は自宅からオンライン授業を受けたこともあったし，そう考えると本当に便利だなあ……。

便利といえば，電子マネーのおかげで現金使うことなくなったわ。

このように，情報化によって生活が便利になったけど，その一方で不都合なことも増えたんだ。

あ〜。オレ，偽情報にだまされたことある。フェイクニュースとかいうやつ。

| 最 重 要 ま と め |

♡ 現代社会の特色を理解して，私たち一人ひとりが積極的に社会参画を行っていくことが持続可能な社会の実現につながる。

♡ 持続可能な社会では，現在の世代と将来の世代の幸福が両立する。

 SNSで悪口を見ると，イヤやな〜って思うわー。

 POINT

SNS
会員制で双方向性を持つインターネット・サービスの総称。

 情報社会で被害にあったり，他の人に迷惑をかけたりしないようにするには，情報リテラシーや情報モラルを身につけることが必要になるの。

> 情報リテラシー…情報を批判的に読み取り，正しく活用する能力。
> 情報モラル…情報を不正に扱わず，正しく利用しようとする態度。

 ３つ目の変化は**少子高齢化**だ。少子化は**合計特殊出生率**が低下していること，高齢化は**平均寿命**が延びていることが理由の１つになっているんだ。

 POINT

合計特殊出生率
一人の女性が一生のうちに生む子どもの人数の平均。

 お年寄りが長生きできるのはええことやんか。

 それはそうだが，老年人口（65歳以上）を支える**生産年齢人口（15〜64歳）**が少なくなっていくのは，年金や医療，介護などの社会保険に悪影響が出ると言われているんだ。

 少子高齢化とともに，親子や夫婦だけの 核家族世帯 の割合も増えているんだよ。

 ぼくはきょうだいがたくさんいるけど，両親と子どもだけだから核家族世帯ってことになるのか。

練 習 問 題

▶解答は P.112

1 次の問いに答えましょう。

(1) 人，モノ，お金，情報などが国境を越えて移動することによって，世界が一体化に向かっていく現象を何といいますか。 （　　　　　　　　　）

(2) 人口に占める子どもの割合が減って，お年寄りの割合が増えていく現象を何といいますか。 （　　　　　　　　　）

2 次の（　　　）にあてはまる語句を答えましょう。

(1) 情報を正しく利用しようとする態度を，情報（　　　　　）といいます。

(2) 情報を批判的に読み取り活用する能力を，情報（　　　　　　　）といいます。

伝統文化と多文化共生

 今度の文化祭でやる曲，どうしよっか？

 いっそ振り切ってラップとかどうだ？

 ラップはアメリカ生まれの文化だよね。

 そういえば，そもそも文化って何なん？

 文化というのは，**人間の生活様式から生み出された有形・無形の財産**のことだ。

 なんだかイメージしづらいね。

 文化という言葉が，いろんな内容を含んでいるからね。とりあえず，代表的な領域として次の3つをおさえておくといいよ。

> **科学**…さまざまな技術を発達させ，人間の生活を便利で快適なものにする。
> **芸術**…絵画や音楽など人間の表現力による作品を通して，人々を精神的に豊かにしている。
> **宗教**…神や仏など人間を超える存在を信じ，考えることで人間の不安を取り去って安らぎを与える。

 なるほど〜。科学はギターのアンプ，芸術はウチらの演奏があてはまるやん！

 じゃあ，宗教は？

 ウチ，初詣で神社に行ったとき，神様に歌がうまくなるようにってお祈りしたわ。

 オレも七夕のとき，「ギターソロをミスりませんように」って短冊に書いたぞ。

 お祈りは宗教と関係があるな。それに初詣や七夕などの年中行事は，**長く受け継がれてきた歴史を持つ** 伝統文化 だな。

> **✕ POINT**
> 年中行事
> **毎年決まった時期に行われる行事や儀式のこと。**

 じゃあ，端午の節句に食べるちまきも伝統文化やな！

 えっ，ちまき？

 ちまき知らんの？　ほら，甘いお餅を笹の葉っぱでグルグルと巻いた和菓子やで。

 端午の節句に食べる和菓子といえば，かしわ餅じゃない？

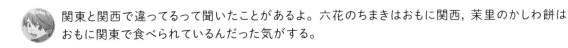

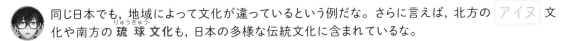

関東と関西で違ってるって聞いたことがあるよ。六花のちまきはおもに関西，茉里のかしわ餅はおもに関東で食べられているんだった気がする。

同じ日本でも，地域によって文化が違っているという例だな。さらに言えば，北方の アイヌ 文化や南方の 琉 球 文化も，日本の多様な伝統文化に含まれているな。

伝統文化で思い出したけど，こないだ近所の古いお寺が国のジューブンになったんだ。ジューブンってのも伝統文化と関係があるのか？

それは重文，つまり重要文化財のことだね。国は，**文化財保護法**という法律によって有形・無形の文化財を保存していくことで，日本の伝統文化を守っているんだよ。

ぼくは最近落語を聞くことがあったんだけど，外国人が落語家になったり，日本人が外国語で落語をやったりしてるよね。ああいうのも伝統文化を守ることにつながるのかな？

つながると思うぞ。そういう**異文化理解**が広がれば，多文化共生の実現にもつながっていくだろうな。

よーし，ほんならウチも多文化共生のために文化祭でヒップホップ歌うわ！
……Yo! Yo! ウチら真面目な中学生♪
中間テストも頑張るぜい♪

🏛 **POINT**

多文化共生
文化の違いを認め合って，対等な関係を築きながら，社会の中でともに生きていくこと。

練 習 問 題

▶解答は P.112

1 次の説明にあてはまる文化の領域を答えましょう。

(1) 自動車やスマートフォンのように，人間の生活を便利で快適なものにした技術の発達のこと。

（　　　　　　　　　）

(2) 人間の精神を豊かにする音楽や絵画などのこと。 （　　　　　　　　　）

2 次の問いに答えましょう。

(1) 文化の違いを認め合い，互いに対等な関係を築きながら，社会の中でともに生きることを何といいますか。 （　　　　　　　　　）

(2) 日本の伝統文化を守る法律を何といいますか。 （　　　　　　　　　）

多様な社会を維持するために

 オトンから高級なアメちゃんもろたから，みんなで分けて食べへん？

 さすが大阪，飴にもこだわりがあるんだな……。全部でいくつあるんだ？

 えっと，メロン味が5個，白桃味が6個，マスカット味が10個やな。

 個数がバラバラだね。どうやって分けるの？

 そうやな，まずウチが半分いただくとして……。

 みんなで分けるんじゃなくて？

 まあまあ。こういうふうに**対立**した場合は，お互いが納得できるような方法を話し合うと，いい方法が生まれやすいぞ。みんながその方法に 合意 すれば解決というわけだな。

 話し合うっていっても，どんなんがいい方法になるんやろ？

 いい方法かどうかを判断するためには，効率と公正を基準にするといいよ。

> 効率…限られた資源（物やお金，労力など）が無駄なく使われていること。
> 公正…一人ひとりが対等な立場で話し合いに参加していること（＝手続きの公正さ）。
> 　　　話し合いに不公平がなく，結果が正当なものであること（＝機会・結果の公正さ）。

 なるほど，ぼくたちは合わせて5人だから，まずメロンと白桃を1個ずつ，マスカットを2個ずつ配る。そうすると白桃が1個だけ余るから，みんなでじゃんけんをして勝った人がもらうっていうのはどうかな？

 理にかなってて，いい考えだと思うよ！

 手続きの公正さは，5人全員が話し合いに参加して，仲間外れがいなければOKだな。

 ほんなら，機会・結果の公正さはどういうものになるん？

 「まずウチが半分いただく」というのは基本的に機会・結果の公正さに反するかもね。

 やっぱりひとり占めはうまくいかんかあ……。

 まあ，春の言ったように，おやつは5人で平等に分けて，余ったらじゃんけんの勝者が持っていくという方法を，軽音同好会の**決まり（ルール）**にするのはどうだ？

 異議なし！

♡ 人間は，さまざまな社会集団に所属して生活する社会的存在である。
♡ 人間は，最も身近な社会集団である家族の中で成長していくとともに，社会の基本的な決まりを身につけていく。

 全会一致で新しい決まり（ルール）が決まったね。

 今回は簡単に決まったけど，これが複雑な問題だったら，話し合いもこじれていくんだろうね。

 その場合は**多数決**で結論を出すしかないだろうな。ただし，**多数派でない人たちの意見も聞いてできる限り不満が出ないような対応をする** 少数意見の尊重 を忘れないようにしないとな。

 でも，いちいち話し合いも大変だよな。なんで決まり（ルール）をつくらないといけないんだ？

 決まり（ルール）によって，社会集団の秩序が保たれているからだね。でないと，おやつをめぐって軽音同好会が分裂していたかもしれないよ。

> **￥ POINT**
>
> **社会集団**
> 家族や学校，地域社会など社会生活を営んでいる集団。人間はさまざまな社会集団に所属しながら生きている。

 決まり（ルール）があれば，**責任や義務を果たすことで権利が得られる**からな。ちなみに，学校の校則やスポーツのルール，約束，**契約**なんかも決まり（ルール）なんだぞ。

 そうなんや。じゃあ友達との約束は，何があっても絶対に守らなあかんの？

 状況が変わったなどの正当な理由があれば，話し合いで決まり（ルール）を変えられるかもな。

 やった！ 茉里から借りた漫画，読むの忘れてたんよな。期限延長してもらお〜！

練 習 問 題

▶解答は P.112

1 次の（　　　）にあてはまる語句を答えましょう。

(1) 人間は家族や学校，地域社会などのさまざまな（　　　　　　　）に所属している。

(2) (1)の一員として協力し合いながら成長し，生活を豊かにすることから，人間は（　　　　　　　）と呼ばれる。

(3) (1)の中で対立が起こることを防ぐためには，あらかじめ話し合いによって（　　　　　　　）をつくっておく必要がある。

(4) (3)を守る責任や義務を果たすことによって，（　　　　　　　）を得ることができる。

▶解答は P.112 ～ 113

📖 勉強した日	月	日	得点

まとめのテスト

/100点

1 次の問いに答えましょう。　5点×3（15点）

(1) 右の資料を見て、次の文中の①、②にあてはまる語句を答えなさい。

右は、ヨーロッパで行われている航空機の製造のようすである。このように各国がそれぞれ担当する航空機の部品を生産することを（　①　）という。人・モノ・お金・情報が（　②　）を越えて移動するグローバル化によって、このような動きが世界各地で進んでいる。

●スペイン 尾翼や胴体の一部の製作　●ドイツ 胴体と主翼の一部の製作
●イギリス 主翼の製作　●フランス 操縦席などの機首や胴体の製作

①（　　　　　　　）　②（　　　　　　　）

(2) 右の資料の説明として正しいものを、次の**ア～エ**から選びなさい。

ア 輸入の割合が増えて、食料自給率が上がった。

イ 輸入の割合が増えて、食料自給率が下がった。

ウ 輸入の割合が減って、食料自給率が上がった。

エ 輸入の割合が減って、食料自給率が下がった。

	1960年度	2020年度
肉類	93%	53%
魚介類	108%	55%
果実	100%	38%

（出典：「食料需給表」）

（　　　　　　　）

2 右の資料を見て、次の問いに答えましょう。　5点×3（15点）

(1) 右側の人物は、スマートフォンを機械にかざすことで支払いをしています。この人物は現金の代わりに、何を支払いの手段に使っていますか。（　　　　　　　）

(2) (1)を支えている情報通信技術の略称をアルファベットで答えなさい。（　　　　　　　）

(3) スマートフォンでインターネットにつなげば、さまざまな情報を入手できます。多くの情報の中から、内容が正確なものを選び取って、自分のために活用する能力を何といいますか。

（　　　　　　　）

3 次の問いに答えましょう。　7点×4（28点）

(1) 右のグラフは、日本の人口の構成の変化と将来推計を示しています。

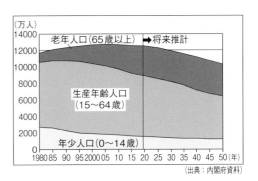
（出典：内閣府資料）

① 年少人口が減っている原因として、女性が一生のうちに生む子どもの人数の平均が少ないことが挙げられます。この平均を何といいますか。
（　　　　　　　　　）

② 老年人口が増えている原因として、医療の進歩などによって何が延びていることが挙げられますか。　（　　　　　　　　　）

③ このグラフでは、2020年頃から2050年にかけて、日本の総人口はおよそ何万人減少すると推計されていますか。　　約（　　　　　　　）万人

(2) 近年、親子や夫婦だけで構成される家族の形態が増えています。この家族の形態を何といいますか。
（　　　　　　　　　）

4 次のA～Cの資料を見て、あとの問いに答えましょう。　7点×6（42点）

A 　　B 　　C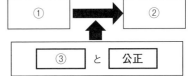

(1) Aは初詣をしている女性です。

① 神仏のような人間を超えた存在に祈る初詣は、何という文化の領域にあたりますか。

② 初詣は1月1日に行うことが多いですが、毎年決まった時期に行われる行事や儀式を何といいますか。　①（　　　　　　）②（　　　　　　）

(2) Bは、沖縄県に伝わるエイサーという祭りに参加する人たちです。このエイサーを含む、日本の南方の伝統文化を何といいますか。　（　　　　　　　　　）

(3) Cは、決まり（ルール）がつくられる過程を示しています。①～③にあてはまる語句を、次のア～エからそれぞれ選びなさい。

ア 合意　イ 義務　ウ 効率　エ 対立
①（　　　　　）②（　　　　　）③（　　　　　）

Chapter

02

日本国憲法と国民の権利

人権の歴史と憲法

 ハイみなさ～ん, 今から部室はウチの国やから, ウチのルールに従ってや～。

 六花さん？　何が始まるんです？

 昔のヨーロッパでは国王や貴族が好き勝手に権力を振り回していて, 民衆の人権が無視されていたんだ。そこで民衆の人権を守るために**法の支配**という考え方が生まれたんだ。

> **POINT**
>
> 法の支配
> **法によって政治権力を制限する**考え。国王などが自由に政治権力を振るう人の支配を否定。

 国王や貴族がパワハラするから, それに対抗しようってことか。

 そうだ。それで人権思想の影響を受けた民衆を中心とする市民革命が起こって, 人の支配から法の支配に代わっていったというわけだな。

 このように, 歴史を見ていくと, **憲法で国家の権力を制限することで人権を保障する**という流れがあったんだよ。ちなみに, この考えは立憲主義と呼ばれているの。

 いろいろな宣言が出されたり憲法が定められたりして, 法の支配が確立されたことによって, **人権（基本的人権）が保障される**ようになったんだね。

> 権利章典…1689年。イギリスの名誉革命直後に出され, 議会が国王の権力を制限。
> アメリカ独立宣言…1776年。基本的人権や国民主権などを示し, 合衆国憲法に反映。
> フランス人権宣言…1789年。フランス革命で出され, 基本的人権の保障の考えが各国に波及。

 でも,「人権が保障された」って, 結局何が変わったん？

 最初に保障された人権は, 平等権と自由権だったの。 平等権 は国王や貴族などの身分制度を否定する, 自由権 は表現や信仰, 経済活動などの制限をなくすという効果があったよ。

 経済活動の自由が認められると, 資本主義経済が発達したこともあって, 18世紀から19世紀にかけて欧米諸国が豊かになっていったんだ。

 歴史でも習った気がする, 資本主義経済。確か産業革命がきっかけで広まったんだっけ？

 その通り。でも資本主義経済には悪い面があってな, 工場を経営する資本家はもうかったんだが, 工場で働く労働者は安い賃金, 長い労働時間で苦しんでいたんだ。

 ヤバいブラック企業だなー。

 過酷な労働環かんきょう境だね。そこで労働者に**人間らしい生活を保障する権利**を与えないといけないってことで, 社会権 の考えが生まれたんだよ。世界で最初に社会権を保障したのは, 1919年

♡ 17 ～ 18世紀に平等権・自由権が保障され，20世紀に社会権が保障されたというように，人権の保障は順番に進んでいった。

♡ 20世紀後半には国際連合が中心になって，国際的な人権の保障を進めた。

にドイツで制定された**ワイマール憲法（ドイツ共和国憲法）**なの。自由権が設定されてからかなり時間がかかったんだよ。

 20世紀半ばくらいになると，発展途上国などで人権の保障が行われていないことが問題になって，世界共通の人権保障の基準をつくろうという話が出てきたんだ。

 でも，憲法でそんなことできるのか？

 難しそうだよね。さて，ここで問題です。第二次世界大戦をきっかけに発足した大きな国際組織は何かな？　これも歴史で習ったよね。

 はいはーい，国際連合！

 正解！　1948年に国際連合で採択された**世界人権宣言**が世界共通の人権保障の基準になったんだよ。でも世界人権宣言は，条約とは違って，人権保障を守らせる力はなかったの。

 ■ POINT

批准（ひ じゅん）

国が条約を最終的に確認して条約に従うと同意すること。

 それだと意味ないんじゃない？

 そこで国際連合は1966年に**国際人権規約**を採択したんだ。これは条約だから，**批准**国は人権保障の義務が生じるというわけだ。その後も国際的な人権保障のためにいろいろな条約が採択されたけど，そのいくつかは別のテーマで扱うぞ～。

練 習 問 題

▶解答は P.113

1 次の（　　　）にあてはまる語句を，下から選びましょう。

(1) （　　　　　　　　　　　）は，世界で最初に社会権を保障した憲法です。

(2) 国際連合は1966年に（　　　　　　　　　　　）を採択しました。

〔　**日本国憲法**　　**ワイマール憲法**　　**国際人権規約**　　**世界人権宣言**　〕

2 次の問いに答えましょう。

(1) 憲法を制定して国家の権力を制限することによって，権力の濫用を防いで人権を保障する考えを何といいますか。　　　　　　　　　　　（　　　　　　　　　　　）

(2) 17 ～ 18世紀の市民革命によって保障されるようになった人権を2つ答えなさい。[順不同]

（　　　　　　　　）（　　　　　　　　）

日本国憲法

世界の人権の歴史はわかったけど，日本でもちゃんと人権は保障されてるん？

ああ，明治時代の1889年に発布された 大日本帝国憲法 （明治憲法）から保障されている。ただ，この憲法には人権の保障が不十分という欠点があったんだ。

大日本帝国憲法での人権は，**主権者である天皇から与えられた「臣民ノ権利」**だったから，法律で人権を制限することができたんだよ。

だが，今の**日本国憲法**では右の条文のように，**基本的人権は永久不可侵の権利として保障されている**んだ。

なら日本国憲法では，人権が制限されることはないんだな！

> **P O I N T**
>
> 日本国憲法第11条
> 国民は，すべての基本的人権の享有を妨げられない。この憲法が国民に保障する基本的人権は，侵すことのできない永久の権利として，現在及び将来の国民に与へられる。

そうだね。でも，他人の人権を侵害したり社会の秩序を乱したりしないように，**公共の福祉**という考え方で，人権（基本的人権）が制限されることがあるんだよ。

公共の福祉については，国民の権利をひと通り学習した後，改めて勉強するからな。まず，日本国憲法の三大原則（基本原理），**基本的人権の尊重，国民主権，平和主義**からおさえていこう。

まずは「基本的人権の尊重」からね。日本国憲法での人権の保障は，一人ひとりの「 個人 の尊重」（第13条）に基づいていて，さらに「**法の下の平等**」（第14条）とも深く関係しているんだよ。

なんや難しいなあ……。

つまり，ぼくたち一人ひとりの考え方や生き方みたいな個性を大事にするってことと，さらにすべての人々を平等に扱うっていう考えで，基本的人権が尊重される！　ってこと？

エクセレント！　その通りだ。

オレもそれくらい理解力をつけたいぜ……。いや，オレだって国民主権ならわかる！　国民が主権者ってことだよな？

> **P O I N T**
>
> 主権
> 国の政治のあり方を最終的に決めることができる権利。

え〜？　でもさっき，大日本帝国憲法での主権者は天皇って言ってなかった？　変わったん？

天皇は**日本国と日本国民統合の象徴**（憲法第1条）になって，政治の権限を持たなくなったの。

☑ 大日本帝国憲法と日本国憲法はどちらも立憲主義を取り入れている。
☑ 日本国憲法は，人権の保障と国や地方の政治の仕組みという構成になっている。
　後者について，日本国憲法は三権分立の考え方を採用している。

 でも，天皇が内閣総理大臣を任命しているところをニュースで見たことがあるよ。あれは何？

 それは国事行為だな。象徴である天皇は，内閣の助言と承認のもとで，憲法に定められた形式的な仕事を行うんだ。そういえば，国事行為の一つに憲法改正の公布があるな。

 え，憲法改正って天皇が行うの？

 憲法改正は主権者である国民による国民投票で決まるんだが，その結果を公布する仕事は天皇の国事行為にあたるんだ。

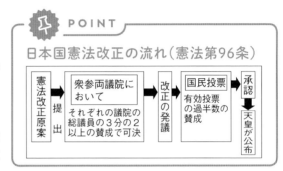

POINT

日本国憲法改正の流れ（憲法第96条）

憲法改正原案 → 提出 → 衆参両議院において それぞれの議院の総議員の3分の2以上の賛成で可決 → 改正の発議 → 国民投票 有効投票の過半数の賛成 → 承認 天皇が公布

 そういえば歴史で，敗戦後に大日本帝国憲法を改正したのが日本国憲法って学んだな……。

 その通り。だから戦争をしないことや，戦力を持たないという平和主義も三大原則の一つにあるんだ。

 自衛隊は「必要最小限度の実力」とされているよ。ちなみに自衛隊は日本を守るだけじゃなく，国内外の災害時に活動したり，国際連合の**平和維持活動（PKO）**に参加したりしているんだよね。

 平和主義については，アメリカと**日米安全保障条約（日米安保条約）**を結んでいて，日本に何かあればアメリカと共同で対応するということもおさえておくといいぞ。

練 習 問 題

▶解答は P.113

1 日本国憲法について，次の（　　　）にあてはまる語句を答えましょう。

(1) 天皇を日本国と日本国民統合の（　　　　　　　　　）と定めています。

(2) 基本的人権を（　　　　　　　　　）不可侵の権利として保障しています。

2 次の問いに答えましょう。

(1) 主権を持つ国民の投票で過半数の賛成があれば承認され，その結果を天皇が公布するものは何ですか。　　　　　　　　　　　　　　　　（　　　　　　　　　）

(2) 平和主義の日本が，自国の防衛のためにアメリカ合衆国と結んでいる条約を何といいますか。
（　　　　　　　　　）

平等権と多様性

 なあなあ，ウチら軽音同好会にも**平等権**が必要やと思わへん？

 オレたちって何か平等に反することしてたっけ？

 そうやで！　この前カラオケで，ウチ3曲しか歌われへんかったやん。もっくんなんか5曲も歌ってたし，**男女平等**っていうなら同じ曲数にせなあかんやろ？

 何言ってんだ，六花が歌った曲はどれも5分以上だっただろ。それに比べて，俺が歌った曲は平均2分半ぐらいだったから，六花の方が長くマイクを握っていたことになるだろ。

 まあまあ，ロゲンカはやめようよ。

 よし！　これからオレたちのカラオケでは1人ずつの持ち時間を同じにするというのはどうだ？

 平等を主張するなら，まずは平等権についてきちんと理解しなきゃね。右の条文をおさえておくといいよ。

 こういうふうに平等権が保障されていても，すべての人間が平等になったわけではないんだ。

 実際はまだまだ平等になっていないことがあるってことか？

 そうなんだ。**部落差別**や在日韓国人・朝鮮人への差別，アイヌ差別などの問題がある。

 POINT

日本国憲法第14条
すべて国民は，法の下（もと）に平等であつて，人種，信条，性別，社会的身分又は門地（ち）により，政治的，経済的又は社会的関係において，差別されない。

 POINT

部落差別
江戸時代に差別を受けていた被差別部落の出身者に対する差別のこと。

 でも，**アイヌ民族を北海道の先住民族として位置付ける**法律ができたんじゃなかったっけ？

 2019年に制定された**アイヌ民族支援法（アイヌ新法）**のことだね。他にもアイヌ文化振興法（1997年制定）があって，アイヌ文化の保護や継承が進められているよ。

 なるほどなあ。男女平等以外にもいろんな人が平等になるように頑張ってるんやな！

 六花が主張した男女平等については，憲法で**個人の尊厳**と両性の 本質的平等 に立脚する（憲法第24条）と定められているな。その上で，婚姻（結婚）は両性の 合意 のみで成立し，夫婦は同等の権利を持つことになっているぞ。

 でも，雇用や労働の面で，男尊女卑とか，「男性は仕事をして女性は家事や育児をするものだ」という性別役割分担の考えが根強く残っていたのが，のちのち問題になったんだよね。

この問題を改善するきっかけになったのが**女子差別撤廃条約**（1979年国際連合で採択）なんだ。日本は1985年に批准（ひじゅん）した後，男女平等を目指して，さまざまな法律をつくっていったんだ。

> **男女雇用機会均等法**…**1985年**。雇用についての男女差別を禁止する法律。
> **育児・介護休業法**…**1991年**。育児・介護と仕事を両立させる環境（かんきょう）を整備する法律。
> **男女共同参画社会基本法**…**1999年**。男女が対等の立場で活躍する社会を築くための法律。

 憲法だけじゃなくて，法律にも守られてるんやね～。

 男女平等以外にも**障害者基本法**（1993年）という法律がある。この法律は，障がいのある人が自立して，彼らが社会参画できるように手助けすることを目的にしているんだ。

 2006年には**バリアフリー**を推進する法律（バリアフリー新法）も制定されたね。

 バリアフリーってよく聞くけどどういう意味なんだ？

 バリアは障壁という意味で，**障がいのある人や高齢者（こうれい）などが生活をしていく上で障壁になるものを取り除くことをバリアフリー**というんだよ。

 階段の横にあるスロープは，車いすの人の移動が楽になるけど，これもバリアフリーってこと？

 その通りだ。今の日本の社会は，障がいのある人や高齢者など**すべての人々が普通に生活を送れるようにするノーマライゼーション**の実現に向けて進んでいるんだ。

練 習 問 題

▶解答は P.114

1 次の（　　　）にあてはまる語句を答えましょう。

(1) 2019年，これまで差別されることが多かったアイヌ民族を，北海道の先住民族として認める
（　　　　　　　　　　　　）が制定された。

(2) 障がいのある人や高齢者などが生活をしていく上で障壁になるものを取り除くことを
（　　　　　　　　　　　）という。

(3) すべての人々が不自由することなく，普通に社会生活を営めるようにする考えを
（　　　　　　　　　　　）という。

(4) さまざまな違いがあることを認めて，すべての人が参加して，互いに支え合うことを
（　　　　　　　　　　　）という。

自由権っていっても，なんでもしていいってわけじゃないんだよな。難しいよなあ。

 わかりやすいように，身体の自由・精神の自由・経済活動の自由に分けて勉強していこう！

 身体の自由って，自由に動いていいよ〜ってこと？

 それは身体の自由の中の行動の自由だね。それと，むやみに生命をうばわれない自由もあてはまるよ。具体的には，奴隷的拘束・苦役からの自由（憲法第18条）や，拷問・残虐な刑罰の禁止（憲法第36条），自白の強要の禁止〔黙秘権〕（憲法第38条）が定められているんだよ。

 自白させた方が，捜査が早く進むんじゃないのか？

 実は戦前の警察による拷問や自白の強要が，**実際にやっていない罪を負わされるえん罪**につながったことがあったんだ。だから今は，たとえ犯罪を犯したとしても，現行犯以外は，裁判所・裁判官が出す令状がなければ逮捕できない（憲法第33条）ということになっているんだ。

 逮捕された後も，**法律による手続きによらない刑罰を与えられることはない**（憲法第31条）んだよ。このことを 法定手続きの保障 というから，覚えておいてね。

 もしかして**精神の自由**も，戦前の日本との関係があるの？

 あるぞ。たとえば**検閲の禁止**（憲法第21条）は，戦前に検閲が行われて，本や新聞の発行が止められたり内容を隠されたりしたことへの反省によるものなんだ。

 エ POINT

検閲
国などが出版物などの内容を事前に確認すること。

 精神の自由については，まず 思想・良心の自由 （憲法第19条）をおさえておこうね。これは心の中で考えたり判断したりする自由のことだよ。そのほかにも，集会・結社・表現の自由や学問の自由，信教の自由も保障されているんだよ。

 軽音同好会のライブも自由権があるからできるってことか！

 その通りだ。ちなみに俺たちがこの学校に通えるのは**経済活動の自由**の中の，居住・移転・職業選択の自由（憲法第22条）にも関係がある。

 自由権がないと，ウチも大阪から引っ越されへんかったかもなあ。

 経済活動の自由には他にも財産権の不可侵（憲法第29条）があって，お金や土地，建物などの財産を持つ権利や，自分の財産を利用する権利を保障されているよ。

 経済活動の自由は， 資本主義経済 の発達に必要不可欠なんだけど，自由がエンドレスだと

貧富の差の拡大につながってしまうんだ。

 確か「人権の歴史と憲法」でやったよね。貧富の差が広がったから社会権が生まれたんだっけ？

そう，それそれ。まあ社会権は次回にやるとして，経済活動の自由を制限することと大きな関係があるのは**公共の福祉**だ。

おー，公共の福祉も「日本国憲法」のテーマでやったよな。

洸がきちんと覚えていてくれて，俺は嬉しいぞ……！

経済活動の自由は，貧富の差を広げたり他人の権利を侵害したりするおそれが強いから，身体の自由や精神の自由に比べて，公共の福祉による制限を受けやすいんだよね。

たとえば，居住・移転の自由は保障されているが，公共の場所に家を建てることはできないし，財産権の不可侵があっても，行政が違法建築を取り壊すことがあるぞ。

それ以外にも，医師免許のない人が医療行為を行っていたらどう思う？

免許を持ってない人が手術したりするのか？ それは怖すぎるだろ〜。

だから誰でも医者になれるわけではなく，いろいろな勉強をして医師免許を取った人に限られているんだ。職業選択の自由が公共の福祉によって制限されているってことだな。

じゃあブラ〇ク・ジャ〇クは憲法違反ってことやね！

ま，まあ，あれは漫画だからな……。

練 習 問 題

▶解答は P.114

1 自由権について，次の（　　　）にあてはまる語句を答えましょう。

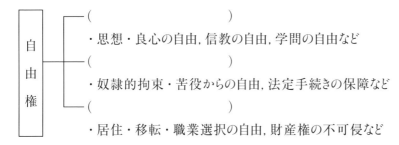

自由権
- （　　　　　　　　　　　　）
  ・思想・良心の自由，信教の自由，学問の自由など
- （　　　　　　　　　　　　）
  ・奴隷的拘束・苦役からの自由，法定手続きの保障など
- （　　　　　　　　　　　　）
  ・居住・移転・職業選択の自由，財産権の不可侵など

社会権

 社会権は,「人権の歴史と憲法」のところでもやったね。

 うん,あのときには社会権は人間らしい生活を保障する権利だって学んだよね。

 日本国憲法では,社会権の一つとして**生存権**を定めているんだが,これがどういう権利かについては,右の条文に書いてある通りだ。

> **POINT**
>
> 日本国憲法第25条
> すべて国民は,健康で文化的な最低限度の生活を営む権利を有する。

 生存権ちゅうのは,「**健康で文化的な最低限度の生活を営む権利**」やな。よし,覚えたで〜。

 この内容はテストに出ることが多いから,丸々覚えておいて損はないよ。それと,「最低限度の生活」を営めないなど困っている人に対しては, 生活保護法 に基づいて生活費などが支給されていることも大事だからね。

 こういう仕組みがあるのは助かるよな,ホント。生きてて何があるかわかんねーし。

 生存権から社会保障の制度が整備されたんだけど,それは後のテーマでやるからな。

 生存権のほかにはどんな権利があるの?

 まず,今の私たちと関係がある**教育を受ける権利**(憲法第26条)だね。そして,憲法では 義務 教育 が無償であることも定められているよ。

 無償=タダってことやんな。そのおかげで,小学校・中学校に通えるってことか。タダはホンマにありがたいことやで。

> **POINT**
>
> 教育基本法
> 平和で民主的な国家や社会を形成する人間の育成を目的とする法律。

 ぼくたちは私立中学だから有償だけどね。

 日本の教育制度については,1947年に定められた 教育基本法 も重要だな。

 あと,**勤労の権利**(憲法第27条)も社会権だね。

 ぼくたちもいずれ就職するかもしれないけど,ブラック企業とかパワハラとかに巻き込まれないか不安だなあ。

 確かに労働者として雇われると,どうしても雇い主である使用者に対して弱い立場になるな。

 だから憲法は**労働基本権(労働三権)**も保障しているんだよ。これは,労働者が自分たちを守る

✓ 社会権は，人間らしい豊かな生活の保障を国家に求める権利である。
✓ 社会権をなす生存権・教育を受ける権利・労働基本権には，それぞれの権利を保障するための法律が整備されている。

ための3つの権利で，3つとも重要だからセットで覚えておこう。

> 団結権…労働者が労働組合をつくったり加入したりする権利。
> 団体交渉権…労働組合が使用者と対等な立場で交渉して，労働条件の改善を求める権利。
> 団体行動権（争議権）…使用者との交渉が進まないとき，労働組合がストライキなどの争議行為を行って，要求の実現を促す権利。

 労働者一人ひとりは弱い立場だけど，労働組合をつくってまとまれば，使用者ともしっかり交渉できる立場になれるってことか。団結するのは大事だな！

 POINT

ストライキ
労働組合などが要求を実現させるため，わざと仕事をしないこと。

 うん，その通り。だから，労働基本権（労働三権）は，労働者が安心して働けるようにする権利なんだよ。

 つまり，**社会権というのは，国民が安定した生活を送るための権利**というわけだ。

 生存権は，「最低限度の生活」を営めない人をなくすのが目的だったね。

 教育を受ける権利があれば，生活に必要な知識や技術を教えてもらえるやん。あ，学校で勉強するってことは，社会生活を学ぶことにもなりそうやね。

 勤労の権利や労働基本権（労働三権）は，仕事に就いて収入を得ることが「健康で文化的な」生活を送ることにつながるから，社会権に含まれるってわけだな！

練 習 問 題

▶解答は P.114

1 生存権について，次の（　　　）にあてはまる語句を答えましょう。

　日本国憲法第25条は，「（　　　　　　　）で（　　　　　　　）な（　　　　　　　）の生活を営む権利」という表現で，生存権を定めています。

2 次の問いに答えましょう。

(1) 労働者が集まって労働組合をつくる権利を何といいますか。　　（　　　　　　　　　）

(2) 労働組合が労働環境の改善などを求めて，使用者と対等な立場で交渉する権利を何といいますか。　　　　　　　　　　　　　　　　　　　（　　　　　　　　　）

(3) 使用者との交渉が難航したとき，労働組合がストライキなどを行って自分たちの要求の実現を求める権利を何といいますか。　　　　　　　　（　　　　　　　　　）

勉強した日　　　月　　　　日

Chapter 02　Theme

09　人権を守るための権利

 こないだ, 近所の人が飼うてはるワンちゃんがいきなりとびかかってきたんよ。シベリアンハスキーやから倒れそうになって, ウチのシュークリームちゃんがピンチやったわ。

 それは災難だったな……。それで, 六花はどうしたんだ?

 こうガシッとな, 足をふんばって, なんとかこらえたわ。そうしないと, ウチのシュークリームがぺちゃんこになっちゃうやん。まあ顔はペロペロされまくったけど……。

 シュークリームを守るためなら全力だね……。

 「守る」といえば, 平等権・自由権・社会権のほかに「人権を守るための権利」というのがあるね。

 え〜, 覚える権利多すぎぃ〜。

 そんなこと言ってるとまた逮捕（たいほ）するぞ, 洸。

 ええっ!?　なんでだよ!　オレにも自由権があるんだからな!

 はいはい!　先生!　人権を守る権利って何ですか?

 大きく分けると, 参政権と請求権の2つだな。**参政権**というのは, 議員や地方自治体の首長を選ぶ**選挙権**と, 自分がそれに立候補する**被選挙権**など, 要は**政治に間接および直接参加するための権利**のことだ。

 参政権といえば, 選挙に行ける年齢が引き下げられたんだっけ。

 その通りだよ。2016年5月までは満20歳以上だったけど, 今は 満18歳（さい） 以上だね。他にも参政権には, 憲法改正の国民投票権や最高裁判所裁判官の国民審査権もあるけど, **請願権（せいがん）** も忘れないようにしようね。

> 🛡 **POINT**
>
> 請願権
> 国や地方の役所などに対して, 要望を出す権利。

 請願権な……。もう一つの方の**請求権**?　ってやつと似たような名前だけど違う権利なのか?

 請願権はお願いをする権利, 請求権は要求する権利のことだ。

 先生!　全然意味がわかりません!!!!

 ここを理解するのは難しいよな……。つまり, 請願権を使って国や地方にお願いしても, 絶対やってくれるとは限らないんだ。これに比べて, 請求権は必ずこうしてほしいと要求するために使うというわけだ。

☑ 参政権は，政治に参加して人権を守るとともに，国民主権を実現する権利でもある。
☑ 請求権は，参政権と異なり，未成年や定住外国人も行使できる。

 請求権は，自分の人権が侵害されたときに使う権利だから請願権よりも強いんだよ。請求権には，裁判を受ける権利（憲法第32条）があることを知っておくとわかりやすいかな。人権が侵害されても，それが個人だと解決できないことであれば，裁判所が法に基づいて審理をして判決を出してくれるからね。

 請求権には，国や地方公共団体を裁判に訴えることができる権利もあるんだぞ。

> 国家賠償請求権…国や地方の公務員による不法行為で受けた損害について，賠償することを求める権利。
> 刑事補償請求権…事件を起こした犯人として逮捕されたが，裁判で無罪の判決が下った場合，国に補償を求める権利。

 公務員ってことは，学校の先生や警察官も国家賠償請求権の対象なの？

 学校の先生が公立学校の所属であれば，その通りだね。実際に，公立の学校の先生が体罰で生徒にけがを負わせた事件があって，裁判所が生徒に賠償するよう判決を下したことがあるよ。

 刑事補償請求権については，えん罪，つまり無実の罪で訴えられた人に対して，国が金銭による補償を行ったということを聞いたことがあるな。

 もし，ワンちゃんにシュークリームを台無しにされたら，賠償を請求できるんやろか？

 そのワンちゃんが「いぬのおまわりさん」だったら，国家賠償請求権が使えるかもね。

練 習 問 題

▶解答は P.114

1 次の問いに答えましょう。

(1) 選挙権や被選挙権など，政治に間接および直接に参加するための権利を何といいますか。

（　　　　　　　　　）

(2) (1)に含まれ，国や地方の役所に要望や要請，苦情を呈する権利を何といいますか。

（　　　　　　　　　）

2 次の（　　　）にあてはまる語句を答えましょう。

(1) 国や地方の公務員が行った不法行為のために損害を受けた場合，その損害についての賠償を求める権利を（　　　　　　　　　）といいます。

(2) 裁判で無罪になった人が補償を求める権利を（　　　　　　　　　）といいます。

新しい人権

 ここまでやってきた平等権・自由権・社会権・参政権・請求権は，憲法で規定されているという共通点がある。でも，今回やる「新しい人権」ははっきりと規定されていない人権なんだ。

 だから「新しい」人権って呼ばれてるんかー。でもなんでわざわざできたん？

 今の日本国憲法は80年近く前に制定された憲法なんだが，一度も改正されていないというのが大きな理由だな。憲法が公布されたときはスマホもインターネットもなかったし，テレビ放送すらまだだったんだ。

 「日本国憲法」のテーマで学んだように，日本で憲法を改正するのにはかなり厳しい条件があるから改正されていない，っていう理由もあるんだけどね。

 なるほど，時代に合わせてできた権利ってことか！

 新しい権利にはいろいろあるんだが，とりあえず4つをおさえておきたいところだ。1つ目は環境権（かんきょうけん）。これは 高度経済成長 の時期に公害が発生したことから主張されるようになった，**人間らしい生活ができるような住みやすい環境を求める権利**だぞ。

 環境権にもいろいろあって，住居への日当たりを確保することを求める 日照権 ，たばこの煙を避ける嫌煙権（けんえんけん）などに分かれているね。

 ぼくもできれば日当たりがいいところに住みたいなあ。家族の洗濯物がすぐにたまるんだよね。

 2つ目は自己決定権だな。これは，**自分で自分の生活や生き方を自由に選んで決める権利**だ。社会の発展により人々がいろいろな生き方をする中で主張されるようになったんだが，特に重要なのは医療と大きい関係があるということだ。

 インフォームド・コンセント（説明に基づく同意）に基づいて，患者が自分の治療方法を決めることが広まったのは，自己決定権の考え方が影響しているんだよ。

> **⚖ POINT**
> **インフォームド・コンセント**
> 医師が患者に十分な説明をして，患者からの同意を得ること。

 そういえば，オトンがドナーカード（臓器提供意思表示カード）持ってたわ。自分にもしものことがあったら，誰かに臓器をあげますっていうの，あれも自己決定権なんか？

 そうだよ。ちなみに，運転免許証の裏面にも臓器提供の意思表示ができるスペースがあるよ。

 3つ目は知る権利だけど，これは**主権者である国民が政治について正しい判断ができるように，情報の提供を求める権利**だ。現在は，国も地方も情報公開制度の整備を進めているから，ある意味，知る権利がクリーンな政治をつくったとも言えるな。

✓ 「新しい人権」は社会の変化,経済や産業,科学技術の発展などとともに主張されるようになった,憲法に明確な規定がない権利の総称である。

✓ インターネットの普及は,権利の実現と侵害の両面を持ち合わせている。

知る権利を使って情報の提供を求める……って名探偵みたいでかっこいいな! 国や地方も隠しごとができないってことだろ? それで,4つ目は何なんだ?

そういえば,六花は他校の生徒にスマホで勝手に写真を撮られたことがあるって言っていたな?

そうやねん。まあ,ウチはさいかわギャルやからなー。けど,やっぱ腹立つわ〜。

(さ,さいかわ? 最高にかわいいってこと?) それはイヤだねぇ……。

そのとき,さいかわギャルの六花さんは**プライバシーの権利**を侵害されたことになるんだ。これが4つ目の「新しい人権」だな。六花はこのうちの肖像権を侵害されたことになる。

芸能人の写真や映像を無断で公開すると肖像権の侵害! って注意をSNSで見たことあるよ。

それ以外にも国や企業が持つ自分の個人情報を開示や削除,訂正させるのもプライバシーの権利の一つだね。

まさしくそれだな。誰でも,他人に知られたくないことがあるだろう。**私生活に関する情報をみだりに公開されないようにする**ために,プライバシーの権利ができたというわけだ。

「現代社会の特色」のテーマでやったように,現代は 情報化 が進んでいるから,国や地方,民間の企業に個人情報の厳重な管理を義務づける**個人情報保護制度**が設けられているよ。

でも,「新しい人権」って憲法で規定されてないんだよな? どうやって認められてるんだ?

憲法の幸福追求権（第13条）や生存権（第25条）を根拠に主張され,法律の制定や裁判所の判決に取り入れられてきたという感じだな。憲法改正が必要な理由の一つに「新しい人権」を規定することが挙げられているから,いずれは「新しい人権」じゃなくなるかもしれないな。

練 習 問 題

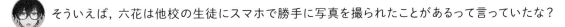

▶解答は P.115

1 次の問いに答えましょう。

(1) 住居への日当たりの確保を求める権利を何といいますか。 （　　　　　　　　）

(2) 自己決定権の考えに基づき,医師が患者に治療方法などを十分に説明して,患者からの同意を得ることを何といいますか。 （　　　　　　　　）

(3) 知る権利を保障するために国や地方が整備を進めてきた,請求があった情報を開示する制度を何といいますか。 （　　　　　　　　）

公共の福祉と国民の義務

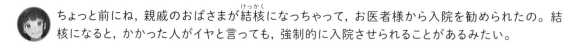

ちょっと前にね，親戚のおばさまが結核（けっかく）になっちゃって，お医者様から入院を勧められたの。結核になると，かかった人がイヤと言っても，強制的に入院させられることがあるみたい。

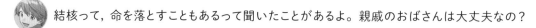

結核って，命を落とすこともあるって聞いたことがあるよ。親戚のおばさんは大丈夫なの？

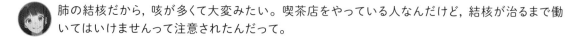

肺の結核だから，咳が多くて大変みたい。喫茶店をやっている人なんだけど，結核が治るまで働いてはいけませんって注意されたんだって。

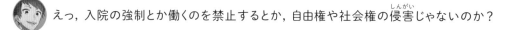

えっ，入院の強制とか働くのを禁止するとか，自由権や社会権の侵害（しんがい）じゃないのか？

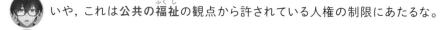

いや，これは**公共の福祉（ふくし）**の観点から許されている人権の制限にあたるな。

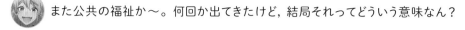

また公共の福祉か〜。何回か出てきたけど，結局それってどういう意味なん？

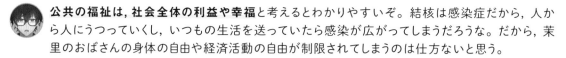

公共の福祉は，社会全体の利益や幸福と考えるとわかりやすいぞ。結核は感染症だから，人から人にうつっていくし，いつもの生活を送っていたら感染が広がってしまうだろうな。だから，茉里のおばさんの身体の自由や経済活動の自由が制限されてしまうのは仕方ないと思う。

まあ，本人もしょうがないねって言ってたから，私としては治療に専念してほしいと思うよ。
さて，ここで公共の福祉が出てきたから，右の条文をちょっと読んでみてね。

> **⚖ POINT**
>
> **日本国憲法第12条**
> この憲法が国民に保障する自由及び権利（けんり）は，国民の不断（ふだん）の努力によつて，これを保持しなければならない。又，国民は，これを濫用（らんよう）してはならないのであつて，常に公共の福祉のためにこれを利用する責任を負ふ。

うーん，やっぱり憲法の条文って文章が難しいよね……「不断の努力」ってどういう意味？

絶え間なく努力するという意味だよ。「普段の努力」と書き間違えないようにしてね。

なあなあ，「濫用」ってのは何のこと？

むやみに使うという意味だね。これも「乱用」と混同しやすいから注意が必要だよ。「これを濫用してはならない」というのは，自由と権利はむやみに使ってはいけないということだね。

そうだ。たとえば，インターネットの掲示板に自分の意見を書くことは憲法で保障されている 表現の自由 にあたるが，それが他人の名誉を傷つけるような悪口だったら権利の濫用になるんだ。場合によっては，法律で処罰されることがあるぞ。

自由は求めるだけじゃあかんってことか。ウチも軽率に書きこまんように気をつけよっと。

あと，自衛隊や警察署や消防職員はストライキが禁止されているね。

✓ 「公共の福祉」は，他人の人権の侵害や社会生活の安定のために，一人の人権の保障に限界があることを示す考えである。

✓ 国民の義務は，すべて社会生活の維持に必要な事柄である。

 ストライキって，社会権の中の 団体行動（争議）権 で保障されてなかったか？

 でも，ストライキしている間に事件や火事が起こって，誰も対応できんかったら大変ちゃう？

 確かにそれはめちゃくちゃ困るな。

 こんな感じで，権利の保障と同時に義務や責任が生じているんだ。国民の義務もその一つだな。

 国民の義務って子どもに普通教育を受けさせる義務，勤労の義務，納税の義務の 3 つだっけ？

 その通りだ。ここで国民の三大義務についてまとめておこうか。

> 子どもに普通教育を受けさせる義務…憲法第26条。子どもの教育を受ける権利を保障している。
> 勤労の義務…憲法第27条。勤労は国民の義務でもあり権利でもある。
> 納税の義務…憲法第30条。税金の種類や対象者は法律によって定められている。

 こうして見ると，国民の義務は権利にも関係があるんだな。

 あくまでも憲法は人権の保障がおもな目的だ。だから国民の義務についての規定は 3 つしかない。

 勤労の義務を定めていてもむりやり働かせることはできないし，法律に定められていない税金を課すことも禁止されているよね。

| 練 習 問 題 |

▶解答は P.115

1 次の（　　　）にあてはまる語句を答えましょう。

　日本国憲法第12条は，自由や権利は国民の（　　　　　　　　）によって守られるものであり，（　　　　　　　　　）してはならないと定めています。また，常に（　　　　　　　　）のために利用しなければならないとも定めています。

2 次の問いに答えましょう。

（1）　日本国憲法第26条は，保護する子女に何を受けさせる義務を定めていますか。

（　　　　　　　　　　　　　　）

（2）　日本国憲法第27条が，国民の義務であると同時に国民に保障される権利として定めているものは何ですか。　　　　　　　　（　　　　　　　　　　　）

勉強した日	月	日	得点

まとめのテスト

/100点

1 次の図を見て, あとの問いに答えましょう。　　　　　　　　　　5点×7(35点)

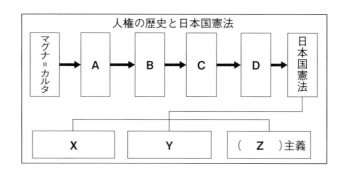

人権の歴史と日本国憲法

マグナ=カルタ → A → B → C → D → 日本国憲法

X　　　Y　　　(Z)主義

(1) 図中の**A〜D**にあてはまる語句を, 次の**ア〜エ**からそれぞれ選びなさい。

　　ア ワイマール憲法　　**イ** アメリカ独立宣言　　**ウ** フランス人権宣言　　**エ** 権利章典

　　　　　　　　A(　　　　　) B(　　　　　) C(　　　　　) D(　　　　　)

(2) 日本国憲法の三大原理(基本原理)について, 図中の**X〜Z**にあてはまる語句を, それぞれ答えなさい。[**X**と**Y**は順不同]

　　　　　　　　　　X(　　　　　　) Y(　　　　　　) Z(　　　　　)

2 平等権について, 次の問いに答えましょう。　　　　　　　　　5点×3(15点)

(1) 日本国憲法が「両性の合意のみに 基 いて成立し, 夫婦が同等の権利を持つ」と定めているものは何ですか。　　　　　　　　　　　　　　　(　　　　　　　　)

(2) 1999年, 男女が社会の対等な構成員として, ともに社会の活動に参加し, ともに能力を発揮できる社会をつくることを目指す法律が定められました。この法律を何といいますか。

　　　　　　　　　　　　　　　　　　　(　　　　　　　　　　　)

(3) 右は, 片方の取っ手をオープンにしたり, 材質を工夫したりして, 手が不自由な人にも使いやすくしたはさみです。このように, すべての人は平等であるという考えに基づいて設計することを何といいますか。　　　　(　　　　　　　　　　)

3 次の問いに答えましょう。　　　　　　　　　　　　　　　　　5点×6(30点)

(1) 日本国憲法が保障する自由権について, 精神の自由にあてはまるものを, 次の**ア〜エ**から2つ選びなさい。[順不同]

　　ア 信教の自由　　**イ** 奴隷的拘束・苦役からの自由

　　ウ 学問の自由　　**エ** 居住・移転・職業選択の自由

　　　　　　　　　　　　　　　　　　　　　（　　　　　　　）（　　　　　　　）

(2) 日本国憲法は財産権の不可侵を保障していますが, 道路や公園などを建設する場合は, 正当な補償のもとで私有財産を取り上げることを認めています。それは道路や公園の建設が社会全体の利益にかなうと考えられるからです。日本国憲法では社会全体の利益・幸福を何という言葉で表現していますか。　　　　　　　　　　（　　　　　　　）

(3) 社会権の根本になっているのは, 健康で文化的な最低限度の生活を営む権利です。この権利を何といいますか。　　　　　　　　　　　　　　　　　（　　　　　　　）

(4) 参政権の根本になっているのは選挙権です。現在の日本では, 何歳以上のすべての国民に選挙権が与えられていますか。次の**ア〜エ**から選びなさい。

　　ア 満15歳以上　　**イ** 満16歳以上　　**ウ** 満18歳以上　　**エ** 満20歳以上

　　　　　　　　　　　　　　　　　　　　　　　　　　　　　（　　　　　　　）

(5) 日本国憲法では, 裁判を受ける権利など, 自分の人権が侵害されたときに使うことのできる権利をいくつか定めています。これらの権利をまとめて何といいますか。

　　　　　　　　　　　　　　　　　　　　　　　　　　　　　（　　　　　　　）

4 「新しい人権」について, 次の図の**A〜D**にあてはまる権利を, 右の**ア〜エ**からそれぞれ選びなさい。　　　　　　　　　　　　　　　　　5点×4(20点)

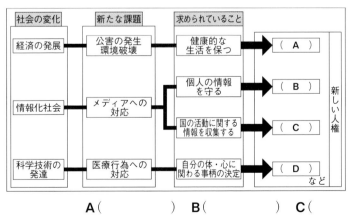

　　ア 環境権

　　イ 自己決定権

　　ウ 知る権利

　　エ プライバシーの権利

A（　　　　　　　） B（　　　　　　　） C（　　　　　　　） D（　　　　　　　）

03

民主政治の
仕組み

Theme | **12** ››› **19**

オレ様は
立法レンジャー！

法律を
打ち立てるぞ！

ぼくは
行政レンジャー！

政治を
行うよ！

お，俺は
司法レンジャー！

法律を
司るぜ！

ちょっと
男子たちー
何やってんの？

今度，近くの
小学校で
交流授業が
あるんだけど

そこで三権分立を
紹介する演劇を
することになって
3人が抜擢された
んだって

ほー
そんな
ことか…

でも3人
ようやる気に
なったな〜

なんでも…先生に
「頑張り次第で
うまいもの
食べさせてやる」って
言われたらしいよ

エサに釣られ
とるやん！

3人揃って…

三権分立ジャー

民主主義と選挙

 そういえば，もうすぐ生徒会の選挙があるね。

 生徒会のメンバーは忙しそうだな。でも，意見をまとめるだけなら生徒総会で決めた方が簡単なんじゃないか？

 いちいち生徒総会開く方が，集めるのに手間かかるし時間もったいないやん！　それやったら選挙で選ばれた生徒会の人たちに任せる方がええんちゃう？

 うん，六花の言う通りだね。全校生徒が参加する生徒総会で決めるのが**直接民主制**，選挙で選ばれた生徒会で決めるのが**間接民主制**（議会制民主主義，代議制）だよ。

 多数決の原理で決めることが多いんだよね？

 そうだ。でも，多数決を行う前に，多数派とは別の考えを持っている人たちをできるだけ大切にする 少数意見の尊重 を忘れないようにしないとな。

POINT

直接民主制
日本では，地方自治の直接請求権など一部の制度に採用されている。

 伊坂くんの言っていることは，実際に国の選挙でも同じことが言えるんだよ。

 そうなん!?　国の選挙って生徒会より複雑なイメージやけど……。

 どちらの選挙も，自分がいいと思った候補者に票を入れることが一番大切だな。あと，次の選挙の基本原則が守られているかどうかは重要だぞ。

> **普通選挙**…一定の年齢以上のすべての国民が選挙権を持つ原則。
> **平等選挙**…一人が一票を投じることで選挙権の価値を等しくする原則。
> **秘密選挙**…無記名で投票することによって他人に投票先を知られない原則。
> **直接選挙**…有権者が直接代表者を選ぶようにする原則。

 普通選挙以外は生徒会の選挙にもあてはまっているな。

 日本では， 公職選挙法 という法律で，選挙の方法などを定めているよ。2016年6月から満18歳以上に選挙権年齢が引き下げられたのも，この法律を改正したからだね。

 この法律とあわせて，国では総務省に置かれた中央選挙管理会，地方公共団体では都道府県や市区町村に置かれた選挙管理委員会がそれぞれ選挙に関する運営や事務を行っているんだ。

 それも学校と似ているね。学校でもクラスごとに選挙委員を決めてるし。でも当然だけど国の選挙は生徒会のメンバーを選ぶわけじゃないよね？

♡ 民主主義（民主政治）は，国民が直接話し合いに参加する直接民主制と，国民に選ばれた代表者が話し合う間接民主制のどちらかで行われている。

♡ 選挙は，国民の政治参加として重要な機会である。

 いい質問だな。現在，衆議院で行われている選挙は小選挙区比例代表並立制といって，**一つの選挙区で一人の代表を選ぶ小選挙区制**と，**得票数によって政党の議席数が決まる比例代表制**を組み合わせているんだ。

 生徒会と違って，**候補者**だけじゃなくて政党にも投票するってことか？

 ああ。ただ，最終的に当選するのはその政党の候補者であることは間違わないようにな。

 衆議院とは少し違って，参議院ではおおよそ都道府県ごとの選挙区制と比例代表制の両方で選挙を行っているね。

 POINT

衆議院と参議院の違い
衆議院では小選挙区と比例代表の両方に立候補できるが，参議院は重複立候補を認めていない。

 小選挙区制と比例代表制にはそれぞれ長所と短所があるんだ。だから，お互いの短所をできるだけ補うため，2つの選挙制度を組み合わせているというわけだな。

	長所	短所	政党
小選挙区制	政局が安定しやすい	死票が多い	大政党に有利
比例代表制	死票が少ない	政局が不安定になりやすい	小党が分立

 上の表の**死票**というのは，**落選者に投じられた票**のことだよ。死票が多いとそれだけ意見が反映されなかった有権者が多くいたということになるから，大事な問題だね。

練 習 問 題

▶解答は P.116

1 次の（　　　）にあてはまる語句を答えましょう。

(1) 国民が選んだ代表者が議会をつくり，物事を決める話し合いを行っていく方式を（　　　　　　　　　　　　）といいます。

(2) (1)では話し合いがまとまらない場合，賛成者が多かった意見を採用して，最終的な決定とする（　　　　　　　　　　）が採用されています。

2 次の問いに答えましょう。

(1) 現在の衆議院で採用されている選挙制度を何といいますか。（　　　　　　　　　　）

(2) 投票は有効だったが，落選した候補者や得票率の低い政党に投じられたため，意見が反映されなかった票を何といいますか。（　　　　　　　　　　）

民主政治を支えるもの

 選挙では候補者だけじゃなくて政党にも投票するって言ってたけど,「政党」って, 何なん?

 政党というのは, **政治の目的や政策の内容について同じ考えを持つ人たちがつくった政権獲得を目指す団体**だな。日本では 政党政治 が行われているから, 多くの議員が政党に入って活動しているぞ。

 なんで, わざわざ政党に入る必要があるんだ?

 個人で活動するより政治を行いやすくなるから, というのがよくある理由だね。

 よくニュースで与党とか野党とかいう言葉が出てくるよね。
あれって政党の名前なの?

🏆 POINT

連立政権
複数の政党が協力して組織した内閣のこと。

 ううん, 違うよ。**政権を担当する政党を与党, 政権を担当せず, 政権を批判したり監視する政党を野党**と呼んでいるの。

 日本の場合は, 内閣を組織している政党が与党で, それ以外の政党を野党というんだ。

 でも政党っていろいろあるんだよな? サッカーのチームみたいに好きな選手がいたら応援しやすいけど, 政党はそういうのじゃないし……どこに投票すればいいかわからなくないか?

 そうだよね。判断するのに一番わかりやすいのは, 選挙の際に発表される**政権公約(マニフェスト)** を読むことかな。与党になったらこういうことをやりますよってことが書かれているよ。

 政権公約を比べれば, それぞれの政党の特徴が見えて, 自分の投票先を選ぶ基準になるぞ。

🏆 POINT

マスメディア
テレビ・ラジオ・新聞・雑誌など不特定多数の人々に情報を伝達する手段のこと。

 あと, **マスメディア**を通じて政府や政党の活動を知ることもできるね。

 そういえば, テレビや新聞なんかで世論調査をときどきやってるよね。支持率が何%とかいうやつ。

 世論は, **社会のさまざまな問題について多くの人々が共有する意見**のことだよ。テレビや新聞はアンケートで多くの人々の考えを調べて集計したものを世論調査として発表しているの。

 世論調査によって, 世論が目に見える形になるからマスメディアの果たしている役割は重要だよな。

 でも, マスメディアの情報が必ずしも正しいわけではないから, 注意しようね。私たちには, **マスメディアが伝える情報を批判的に読み取る力**である メディアリテラシー が必要だよ。

✓ 民主政治を支えるため，積極的な政治参加が求められている。
✓ 政治参加には選挙のほか，請願権を行使する，圧力団体（利益集団）や住民運動に加わって政治に働きかけるなどの方法がある。

 情報を批判的に読み取る力か……，難しそうだな。オレはなんでも信じちゃうんだよなあ〜。

 そういやさあ〜，選挙権持ってるのに投票に行かんかった場合，罰金取られるらしいな！

 ええっ！　そうなのか!?　オレ，絶対選挙行くわ！

 早速だまされてるじゃないか。今のは六花の「フェイクニュース」だぞ。
選挙に行かない場合，罰金を取られることはなくて，ただ 棄権 として扱われるな。

 ええっ！　そうだったのか……。でも選挙権があるなら，使わないともったいないよな。

 私もそう思うよ。だけど今の日本では，投票率が低下していることが問題になっていて，投票時間の延長や投票制度の見直しが行われているけど，それでもなかなか上がらないんだよね。

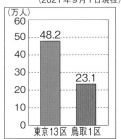

衆議院議員総選挙・小選挙区の議員一人当たりの有権者数（2021年9月1日現在）

（万人）
東京13区 48.2
鳥取1区 23.1

（出典：総務省「選挙人名簿及び在外選挙人名簿登録者数」）

 選挙の課題としては，**一票の格差**もあるな。これは，右のグラフのように，選挙区によって有権者の数が異なっているから，議員一人が当選するために必要な票数に差があるという問題だ。

 どうして，それが問題なの？

 憲法が保障する平等権が守られていないからだね。**有権者が持つ一票の価値が同じでなくなることは「法の下の平等」に反する**として，最高裁判所が何度も違憲の判決を出しているんだよ。

練 習 問 題

▶解答は P.116

1 次の問いに答えましょう。

(1) 政権を担当する政党を何といいますか。　　　　（　　　　　　　　　）

(2) 政党が自分たちが実現したい政治の理念や政策などをまとめて，選挙時に発表するものは何ですか。　　　　（　　　　　　　　　）

2 次の（　　）にあてはまる語句を答えましょう。

(1) （　　　　　　　）とは，社会の問題について，多くの人々が共有している意見のことです。

(2) 選挙区ごとの有権者数の差が大きいことが原因となって，一票の価値が不平等になる問題を（　　　　　　　）といいます。

ここからは国の政治の仕組みだね。まずは立法を担当する**国会**からやっていくよ！

 テレビで国会中継を見たことあるわ。偉い人たちがマイクパフォーマンスする場所やろ？

 国会はプロレスでもラップバトルでもないぞ……。法律や予算などについて議論しているんだ。

 国会は国権の最高機関であり，国の唯一の立法機関なんだよね。だから日本で法律を制定できるのは国会だけなんだよ。でも，変な法律ができてしまったら困るでしょう？

 せやなあ，ヘディングやスライディングは危険やからサッカーは禁止！　という法律があってもええかもね（チラッ）。

 やめろ〜!!!!　オレからサッカーを取り上げないでくれえ!!!!

 ま，まあ，そんな理不尽な法律ができないように，国会は**衆議院**と**参議院**の 二院制（両院制）を採って，ダブルチェックを行っているんだ。

 議院が 2 つあれば，チェックし合ってくれるから安心ということかあ。

 ただ，この両議院は完全には対等じゃない。両議院の議決が異なった場合，両院協議会を開いても話し合いがまとまらなければ，衆議院のものを国会全体の議決とすることがあるんだ。これを**衆議院の優越**というんだ。

POINT

衆議院の優越
法律案や予算の議決，予算の先議，条約の承認，内閣総理大臣の指名，内閣不信任の決議などに適用される。

 参議院議員さんつらいね。せっかく議員になったのに……。

 確かにそうだね。でも，**衆議院は参議院よりも任期が短く，解散があれば議員が選び直されるから，私たちの意見をより反映しやすい**ということで，衆議院の優越が定められているんだよ。

 なるほどな〜。もしかして国会って毎日話し合いをして法律をつくってるのか？

 いや，国会は定期的に開かれるものと，開かれる時期が決まっていないものがあるんだ。

> **常会（通常国会）**…毎年 1 回，1 月中に召集。
> **臨時会（臨時国会）**…内閣またはいずれかの議院の総議員の 4 分の 1 以上の要求で召集。
> **特別会（特別国会）**…衆議院の解散後に総選挙があった日から30日以内に召集。
> **参議院の緊急集会**…衆議院の解散中，国会の議決が必要な場合に内閣の要求で召集。

 国会の召集は 天皇 の国事行為になっているの。ちなみに，常会の会期は150日間で，おもに次年度の予算について話し合うんだよ。

✓ 国会のおもな仕事は，法律の制定と予算の審議である。
✓ また，国会は条約の承認や内閣総理大臣の指名などを行うほか，国政調査権で行政を監視し，弾劾裁判所で司法を抑制する働きをしている。

 国会では，具体的にどうやって法律をつくっているの？

 内閣または国会議員が作成した法律案を，まず委員会で審議して，その後に本会議で議決する。この流れで進めていって衆議院と参議院の両方で可決されたら，天皇が公布して法律ができるよ。

 I POINT

委員会と本会議
委員会は分野ごとに国会議員で構成され，本会議は各議院の全議員が参加する。

 会議ばっかりで大変やなあ。そういえば，憲法改正も国会の仕事やっけ？

 六花の言う通り，国会は両議院それぞれの総議員の 3 分の 2 以上の賛成で，憲法改正の 発議 をすることができるんだ。これも国会の重要な仕事だ。

 あと，国会で大事なことといえば，国政調査権と弾劾裁判所かな。

> 国政調査権…内閣が行う政治全般について調べるため，衆議院や参議院がそれぞれ証人喚問や記録提出などを求めることができる権限。
> 弾劾裁判所…不適切な行いがあった裁判官を辞めさせるかどうかを判断するため，国会議員で組織される。弾劾裁判で裁判官が辞めさせられたことは数例ある。

 国政調査権と弾劾裁判所は，後でやる三権分立でも出てくるから絶対覚えておこうな。

 ふあ～，覚えることが多くて眠くなってきたわ……（グーグー）。

練習問題

▶解答は P.116

1 次の（　　　）にあてはまる語句を答えましょう。

(1) 日本の国会は衆議院と（　　　　　　）からなる二院制を採用しています。
(2) 日本の国会は，国の唯一の（　　　　　　）機関と定められています。

2 次の（　　　）にあてはまる語句を答えましょう。

(1) 予算の議決や内閣総理大臣の指名などで，衆議院の議決が参議院の議決よりも優先されることを何といいますか。　　　　　　　　　　　　　（　　　　　　　　　　　）
(2) 毎年 1 月中に開かれ，おもに次年度の予算の審議と議決を行う国会を何といいますか。
（　　　　　　　　　　　）

次は行政だね。行政の最高機関が**内閣**で，その長が**内閣総理大臣（首相）**なんだけど，関係を知るには右の日本国憲法の条文を読んでみてね。

内閣総理大臣は必ず国会議員じゃないとダメなんだね。内閣は行政，国会は立法だから，行政と立法は関係が深いってことかあ……。

内閣を構成する**国務大臣（閣僚）**も，その過半数が国会議員じゃないとダメなの。内閣が国会の信任に基づいて成立し，国会に対して 連帯責任 を負う仕組みを**議院内閣制**というんだ。

議院内閣制のもとで国会と内閣は互いに抑制し合って，権力の均衡を保っているんだ。それがよく現れているのが，衆議院での**内閣不信任の決議**のときだな。決議が可決されたら，内閣は10日以内に衆議院の 解散 か総辞職のどちらかを選ぶことになっているんだ。

国会が内閣信用できひん！　って決めたら，内閣はあきらめて全員辞めるか，不信任の決議した衆議院ごと解散！　ってなるってこと？　そうなったらなんかいろいろ大変そうやな～。

そうだな。衆議院を解散すると，そのあとは総選挙になるから大変だ。ちなみに内閣の方から国民の意思を再度問うために，衆議院を解散して総選挙を行うということもあるんだ。

そんな内閣で最も重要な仕事は，**行政機関を通じて法律で決められたことを行って，政治を進める**ことなんだよ。政治の進め方としては，**閣議**を開いて，内閣総理大臣と国務大臣の全会一致で決定されるの。

この閣議で決まったことをもとにして，それぞれの府省庁の仕事を進めていくんだ。

なるほどな。ってことは府省庁で働いている人たちはみんな国会議員なのか？

大臣・副大臣・大臣政務官は国会議員がなることが多いけど，それ以外は大体**公務員**だよ。国で働く公務員は**国家公務員**，地方公共団体で働く公務員は**地方公務員**という区別があるの。公務員については，憲法でも右のように定められているよ。

「**全体の奉仕者**」って，何？

POINT

日本国憲法第67条
内閣総理大臣は，国会議員の中から国会の議決で，これを指名する。この指名は，他のすべての案件に先だつて，これを行ふ。

POINT

総辞職
首相と国務大臣が全員そろって辞めること。

POINT

日本国憲法第15条第 2 項
すべて公務員は，全体の奉仕者であつて，一部の奉仕者ではない。

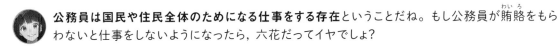

✓ 内閣は，行政機関の指揮監督を通じて法律を執行している。

✓ 内閣は，国会への法律案や予算案の提出，外国との条約の締結，最高裁判所長官の指名とその他の裁判官の任命，天皇の国事行為への助言と承認も行う。

公務員は国民や住民全体のためになる仕事をする存在ということだね。もし公務員が賄賂（わいろ）をもらわないと仕事をしないようになったら，六花だってイヤでしょ？

賄賂を渡すたびに「おぬしも悪（ワル）よのう」と言う公務員かあ……イヤやな。

本当に賄賂があれば当然大問題だな。政府は国民から集めた税金をもとに，予算を作成して重要だと考える政策を実施しているんだ。この政府の経済活動を財政というぞ。

政策を具体的に実施するのは府省庁で，公務員はそこで働いているということかな。そういえばさっき基が総務省って言ったけど，もともとは別の名前の役所だったんだよね？

その通り。2001年に中央省庁の再編が行われて，府省庁の数が23から13に減らされたとき，郵政省・自治省・総務庁の3つの役所が合体して総務省になったんだ。

おお，合体してパワーアップしたんだな！

いや，どちらかといえばパワーダウンかな。というのも，行政の役割や権限が大きくなりすぎて民間企業のじゃまをすることもあったので，日本では20世紀後半からムダをなくして効率を上げる 行政改革 が進められるようになった。中央省庁の再編もその一つというわけだな。

行政機関の許認可がいらないようにして，自由な経済活動を促す**規制緩和**（かんわ）も進められているよ。レンタルしか認められていなかった携帯電話を自由に買えるようにしたことで，利用者が増えて，情報通信業が盛んになって，現在のスマホの隆盛につながったり……とかね。

練 習 問 題

▶解答は P.117

1 次の問いに答えましょう。

(1) 内閣の長を何といいますか。 （　　　　　　　　）

(2) 内閣が国会の信任に基づいて成立し，国会に対して連帯責任を負う仕組みを何といいますか。
　　 （　　　　　　　　）

2 次の（　　　）にあてはまる語句を答えましょう。

(1) 日本国憲法は，公務員を「（　　　　　　　）」であると定めています。

(2) 中央省庁の再編など，簡素で合理的・効率的な行政を目指す動きをまとめて（　　　　　　　）
　　 といいます。

司法

 立法・行政ときたら，その次は司法だね。今回は裁判所について勉強するよ！

 前回，立法・行政はセットでおさえようって言ってたよね。もしかして司法もそうなの？

 ううん，**司法権の独立**があるから，右の条文のように，**裁判を行うにあたって，裁判官は憲法・法律だけにしばられ，国会や内閣などの権力の干渉を受けない**ことになっているんだ。

 POINT

日本国憲法第76条第3項
すべて裁判官は，その良心に従ひ独立してその職権を行ひ，この憲法及び法律にのみ拘束される。

 そうなんだ！　スポーツでも審判は公正中立じゃないとダメだし，裁判官ならなおさらだよ。

 裁判所って東京の**最高裁判所**は聞いたことあるけど，訴えるときはそこに行ったらええんかな？

 最高裁判所は最後だな。日本には，次の5種類の裁判所があるんだが，最高裁判所以外はすべて**下級裁判所**というくくりになっているんだ。

> **最高裁判所**…東京にある。長官は，内閣の指名に基づいて天皇が任命する。
> **高等裁判所**…各地方の中心となる都市8か所にある。おもに第二審を担当する。
> **地方裁判所**…50か所（各都府県に1か所，北海道に4か所）ある。
> **簡易裁判所**…全国に438か所あり，請求額や刑罰が軽少な裁判を扱う。
> **家庭裁判所**…50か所あり，家庭内の争いや少年事件を扱う。審理は原則として非公開。

 最高裁判所が最後やとしたら，下級裁判所からスタートってこと？

 そうだな。一般的には，簡易裁判所か家庭裁判所，地方裁判所で最初の裁判，つまり第一審を受ける。もし第一審の判決に不服だったら**控訴**して，それより上の裁判所で第二審を受ける。その第二審の判決にも不服がある場合は**上告**して，さらに上の裁判所で終審を受けることができる。このようにして，最大で3回まで裁判を受けられることを 三審制 というんだ。3回も裁判を受けられるようにして裁判を慎重に行うのは，人権を守るためだ。

 人権を守るかー。裁判官ってすげー責任重大だな。どうやったらなれるんだ？

 司法試験に合格するとなれるんだよ。合格者は，裁判官・検察官・弁護士のどれかになるよ。

 へ〜。弁護士が裁判に関係のある仕事なのは知ってるけど，検察官はどんなことをやるんだ？

 順番に説明していくね。裁判には民事裁判と刑事裁判という2つの種類があって，**民事裁判**は個人や企業の間での争いを扱うもので，訴えた方を 原告 ，訴えられた方を**被告**というんだ。

◇ 司法権の独立を守るため, 裁判官が辞めさせられるのは心身の病気や, 国会の弾劾_{だんがい}裁判, 最高裁判所の裁判官への国民審査などに限られている。

◇ 裁判員制度は, 司法制度改革の一環として導入された。

 民事裁判には, 国や地方公共団体を相手にする行政裁判も含まれるぞ。

 刑事裁判は犯罪行為について扱うもので, 警察官と**検察官**(検事)が犯罪を発見したり, 告訴や告発を受けて捜査を行った上で捕まえた被疑者を, 検察官が**被告人**_{ひ こくにん}として起訴したりすることで始まるんだよ。

🏛 POINT

刑事裁判のようす

| 裁判官席 |
| 書記官席 |

| 弁護人席 | 被告人席 | 証言台 | 検察官席 |

| 傍聴人席_{ぼうちょうにん} |

 刑事裁判では, **弁護士**は被告人の**弁護人**となって助け, 検察官は刑罰を科すべきことを訴える。そして, 裁判官は両方の意見を聞いてから, 有罪か無罪かの判決を出して裁判を終わらせるようになっているんだ。

 裁判所でも, 検察官と被告人・弁護人が向かい合う感じになっているよな。

 ぼく, 刑事裁判の裁判官席に民間の人が座っている場面を見たことがあるんだけど?

 それは2009年から始まった**裁判員制度**だな。**国民の中からくじで選ばれた人が, 重大な犯罪についての刑事裁判の第一審に参加して, 裁判官とともに有罪・無罪や刑罰を決める制度**だ。

 そうなんだ。でも, どうして裁判員制度が取り入れられたんだろう?

 司法への国民の理解を深めたり, 裁判に国民の考えを反映させたりするのが目的らしいぞ。

練 習 問 題

▶解答は P.117

1 次の(　　　)にあてはまる語句を答えましょう。

(1) 日本国憲法は, 司法権の(　　　　　　　)を定め, 他の権力の干渉を受けないように裁判官の身分保障を手厚くしています。

(2) 裁判には,(　　　　　　　)と刑事裁判の2つの種類があります。

2 次の問いに答えましょう。

(1) 第一審の判決を不服として, 上の裁判所に訴えることを何といいますか。

(　　　　　　　　　　　)

(2) 2009年から始まった, 司法に対する国民の理解を深めるための制度を何といいますか。

(　　　　　　　　　　　)

じゃあ，国の政治の仕組みのまとめとして，下の図で三権分立を見ておこうね。

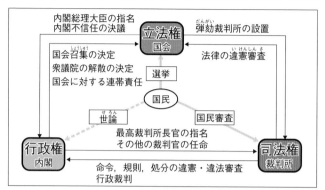

 真ん中に国民が置かれているのは 主権 を持っているからやな。ウチにはわかるで！

 その国民は選挙で国会議員を選んでいるから，矢印は何らかの働きかけを表しているんだね。議院内閣制でやった**内閣不信任の決議**は立法権から行政権への働きかけ，**衆議院の解散の決**定は行政権から立法権への働きかけってことだね。

 議院内閣制と同じようにして，**3つに分かれた国の権力が互いに抑制と均衡（チェック＆バランス）を保つことで，権力の濫用を防いで国民の自由を守っている。**この仕組みが**三権分立（権力分立）**と呼ばれるものなんだ。

工 POINT

啓蒙思想
合理的な考えに基づいて，古くからある慣習や制度を改めようとする思想。

 ええやん，誰がこんな仕組みを考えたん？　ほめたるわ。

 偉そうだな……。一番有名なのは，フランスの啓蒙思想家の モンテスキュー だな。18世紀半ばに『法の精神』という書物を著してから，多くの国が三権分立を採用するようになったんだ。人名も書名もよくテストに出るから，覚えておいて損はないぞ。

 国民から司法権への働きかけになってる**国民審査**って，いつやるんだ？

 衆議院の総選挙のときだよ。投票所に行ったら，小選挙区・比例代表の投票用紙と，右の国民審査の投票用紙をもらって辞めさせたいと思う最高裁判所の裁判官に×を書くの。

 ちなみにこれまでに国民審査によって辞めさせられた最高裁判所の裁判官は0人（2023年2月現在）だ。有権者はもうちょっと裁判官にも関心を持った方がいいかもしれないな。

 国会議員よりも関心を持つのが難しそうだね。司法権から立法権や行政権への働きかけで，違

☑ 日本の三権分立は，国民が選んだ代表で構成される国会が最も重要な地位にある。
☑ アメリカでは大統領制のもとで，厳格な三権分立がとられている。

憲審査とか違憲・違法審査という言葉が使われているけど，これはどういう審査のこと？

 司法権を担当する裁判所は，国会が制定した法律，内閣による命令・規則・処分が憲法に違反していないかどうかを審査することができる。これを違憲審査制といって，憲法を国の最高法規とする考えに基づく制度なんだ。

 違憲審査は，どの裁判所もできるの？

 できる。しかし合憲と違憲，つまり憲法に合っているのか，それとも違反しているのかを最終的に判断するのは最高裁判所なんだ。だから，最高裁判所は「 憲法の番人 」と呼ばれている。

 かっこいい呼び名やな〜。最高裁判所が違憲って判断したらどうなるん？

 これまでの例だと，国会で法律を改正して，最高裁判所から無効の宣告を受けた部分を削除したり憲法に合うように変更したりしているぞ。

練 習 問 題

▶解答は P.117

1 次の三権分立の図中の**A〜C**にあてはまる語句を答えましょう。また，**D〜G**にあてはまる語句を，下からそれぞれ選びましょう。

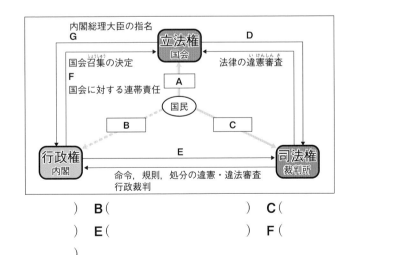

A（　　　　　　　　　　　　　　） B（　　　　　　　　　　　　　　） C（　　　　　　　　　　　　　　）

D（　　　　　　　　　　　　　　） E（　　　　　　　　　　　　　　） F（　　　　　　　　　　　　　　）

G（　　　　　　　　　　　　　　）

最高裁判所長官の指名　　　衆議院の解散の決定

弾劾裁判所の設置　　　　　内閣不信任の決議

地方自治

 今回のテーマの「地方自治」は，**地域の住民が自ら地域の政治を行う**という意味なんだ。そして，地方自治を行う組織として**地方公共団体（地方自治体）**が置かれているぞ。

 地方公共団体には都道府県とか市町村とか特別区とかがあるよね。どう違うのかな？

エ POINT

特別区
いわゆる東京23区。市と同じような権限を持つ。

 それは役割分担の違いだな。住民に最も身近な仕事をするのが市町村で，複数の市町村・特別区にまたがる規模の大きな仕事は都道府県がやっているんだ。

 地方公共団体も三権分立みたいにバランスとってるん？

 首長と**地方議会**が置かれていて，互いに抑制と均衡を保つようになっているよ。

 抑制と均衡っていえば，「行政」のテーマでやった議院内閣制にそっくりだな。

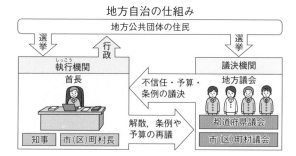

地方自治の仕組み

 そうだね。でも，地域の住民は選挙で首長と地方議会の議員の両方を選べるんだよ。首長や地方議員は，どちらも住民が直接選んだ代表だから，二元代表制と呼ばれているんだ。

 首長と地方議会の関係はどうなっているのかな？

 そちらは議院内閣制に似ているな。首長は条例案や予算案をつくって地方議会に提出し，地方議会はこれをもとにして条例の制定や予算の議決を行うんだ。

 条例って，法律とは違うの？

 条例というのは，**法律の範囲内で制定できる地方公共団体独自の決まり**のことなんだ。

 さっき基が予算って言ったけど，地方自治の仕事は税金でやりくりしているのか？

エ POINT

地方財政
地方公共団体が収入を得て，それを支出する経済活動。1年間の収入を歳入，1年間の支出を歳出という。

 池端くん，実はそれが**地方財政**の大きな課題なんだよね。

 どういうことだ？

 地方公共団体の収入には，地方公共団体が独自に集める**自主財源**と，それ以外の**依存財源**があって，自主財源の割合が小さいことが問題になっているんだ。

✓ 地方自治は日本国憲法によって保障されており，地方自治法という法律で地方公共団体の組織や運営方法などが定められている。

✓ 財政の苦しい地方公共団体が多く，それぞれ財政の健全化に努めている。

 自主財源が少ないと，何か問題があるん？

 地方公共団体が自由に使えるお金が少ないから，住民が必要とする仕事をきちんと行えなくなる可能性があるんだよ。

 それはあかんわなあ。住民のためにも，自主財源を増やして依存財源を減らさなアカン！

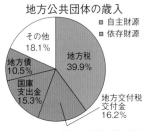

地方公共団体の歳入

■ 自主財源
■ 依存財源

その他 18.1%
地方税 39.9%
地方債 10.5%
国庫支出金 15.3%
地方交付税交付金 16.2%

（出典：2020年「令和4年版地方財政白書」）

> 地方税…自主財源。地方公共団体が住民から徴収する税金。
> 地方交付税交付金…依存財源。地方財政の格差をおさえるために国が交付するお金。
> 国庫支出金…依存財源。特定の仕事を行うため，国が使い道を指定して支出するお金。
> 地方債…依存財源。地方公共団体が借り入れているお金。

 それなら，国の主導で地方分権が進められているぞ。これは国から地方公共団体へ仕事や財源を移して，地域に合った政治をしやすくしたり地方財政を改善したりすることが目的なんだ。

 1999年から2010年まで，「平成の大合併」という大規模な 市町村合併 も進んだよ。地方公共団体の規模が大きくなると，財政の安定化や仕事の効率化につながることがあるからね。

 なるほどな！　ウチら軽音同好会もどっかと合併したらええんちゃうか。一気に部員が増えて部費もいっぱい入ってウハウハやで〜。

練 習 問 題

▶解答は P.117

1 次の問いに答えましょう。

(1) 地方自治の執行機関のトップである都道府県知事や市（区）町村長を，まとめて何といいますか。

（　　　　　　　　　　　　）

(2) 法律の範囲内で，地方公共団体が独自に制定できる決まりを何といいますか。

（　　　　　　　　　　　　）

2 次の（　　　）にあてはまる語句を答えましょう。

(1) 地方公共団体が独自に集める財源を，（　　　　　　　）といいます。

(2) 地方公共団体が，国から交付されたり市中銀行などから借り入れたりする財源を，（　　　　　　　）といいます。

勉強した日　　月　　日

住民参加

昨日，駅前で署名活動をしている人たちがいたよ。「保育所を増やすために条例の制定を求めています」だって。

え，署名活動で条例がつくれるのか？

地方自治では，**直接請求権**といって，**必要なだけの署名を集めれば地方公共団体にさまざまな請求をすることができる**よ。条例の制定・改廃の請求はイニシアティブ（住民発案）ともいうね。

条例を制定しろ〜！　と請求するには，有権者の50分の1以上の署名があればいいんだな。その下の監査請求ってのは何だ？

監査は，地方公共団体の財務や事業が正しく行われているかどうかを調べることだね。

その下の解職請求って，署名を集めれば辞めさせられるってことなんか？

そう。解職請求は リコール ともいうんだが，これは首長や地方議会の議員などを辞めさせようとすることだ。解散は地方議会の解散だな。解職請求も解散請求も，首長や議員などの地位や仕事を失わせることにつながるから，それだけ条件が厳しくなっているというわけだ。

なるほどな。それで，春は署名してきたのか？

いやあ，中学生は有権者じゃないからって断られちゃったよ。満18歳未満だし。

ところが，中学生でも地方自治に参加できることがあるんだぞ。まずは**住民投票**だな。これは**地域全体の意見を明らかにするために行われる**んだが，条例に基づく住民投票では，中学生や定住外国人にも資格が与えられたことがあったんだ。

自分も政治に参加できるって，大人になった気分になるわ。

エ POINT

直接請求権

		必要な署名	請求先
条例の制定・改廃の請求		有権者の1/50以上	首長
監査請求			監査委員
解職請求	首長・議員	有権者の1/3以上	選挙管理委員会（住民投票で有効投票の過半数の同意があれば解職）
	その他の役職員		首長
解散請求			選挙管理委員会（住民投票で有効投票の過半数の同意があれば解散）

エ POINT

住民投票が行われるケース

・直接請求権に基づく解職請求や解散請求によって，その可否を問う場合。
・国が特定の地方公共団体のみに適用される特別法を定めるにあたって，その可否を問う場合。
・地方公共団体が条例を定めて，住民全体の意見を問う場合。法的拘束力はないが意見は尊重される。

♡ 直接請求権は，直接民主制の考えを取り入れた権利であり，地域の政治に住民の
　意思をより強く反映させるために認められている。
♡ 地方自治には，主体的で積極的な住民参加が不可欠である。

地方自治は地域の住民が自ら地域の政治を行うことだから，地方公共団体が直接関わらなくて
も，住民の方からできることはいろいろあるんだよ。たとえば，自治会や町内会とかだね。

ぼくはきょうだいとよく自治会の活動に参加してるよ。町内のごみ拾いとか，公園の花壇の整備
をした後に自治会の人がお菓子をくれることがあるから，弟・妹たちも結構喜んでるんだ。

ウチもこの前，ひとり暮らしのお年寄りの話し相手をするボランティアしたで。ほめてほめて〜！

うん，みんな偉いね。それが立派な**住民参加**なんだよ。

オ，オレだって**NPO**の活動に参加したぞ。あれ，NPOってどういう意味だ？

NPOは 非営利組織 の略称で，**利益を目的としない団体**のことだな。どんな活動だったんだ？

サッカーよりも小さいフィールドで，5人のチームどうしで戦うフットサルってあるだろ？　それの
良さを広める活動をしているNPOなんだ。NPOのみんなや地域の子どもたちと，フットサルが
できる施設をつくってくれと役所までお願いしに行ったこともあるんだぜ。

すごいな，それは立派な**住民運動**じゃないか。で，結果はどうだった？

日曜日だったから誰もいなくて，ふっと去ったぜ。フットサルだけに……。

練 習 問 題

▶解答は P.118

1 次の（　　　　）にあてはまる語句を答えましょう。

(1)　地方自治では，一定数の署名を集めることで条例の制定・改廃などを地方公共団体に求め
　ることができる（　　　　　　　　　）が認められています。

(2)　（　　　　　　　　）は地域全体の意見を明らかにする目的で行われます。

2 次の問いに答えましょう。

(1)　利益を得ることを目的とせず，公益のためにさまざまな活動を行う非営利組織の略称を何とい
　いますか。　　　　　　　　　　　　　　　　　　　　　　　　（　　　　　　　　　　）

(2)　その地域の住民が集まって，地域の問題の改善や解決を目指して，自主的に行動することを何
　といいますか。　　　　　　　　　　　　　　　　　　　　　　（　　　　　　　　　　）

▶解答は P.118

勉強した日　　月　　日	得点

まとめのテスト

/100点

1 右の図を見て，次の問いに答えましょう。　　　　　5点×4（20点）

(1) 図中の**A・B**にあてはまる選挙制度の名前をそれぞれ答えなさい。

A（　　　　　）

B（　　　　　）

(2) 次の①・②にあてはまる選挙制度はどちらですか，**A**か**B**の記号で答えなさい。

① 小党が分立しやすくなるので，政局が不安定になりやすい。

② 死票が多いので，意見が反映されなかった有権者の数が多い。

①（　　　　） ②（　　　　）

2 右は，国会で内閣不信任決議が可決された後の流れを示した図です。次の問いに答えましょう。　　　　　5点×5（25点）

(1) 図中の**A**にあてはまる数字を答えなさい。

（　　　　　）

(2) 図中の**B・C**にあてはまる語句をそれぞれ答えなさい。

B（　　　　　）

C（　　　　　）

(3) 図中の**D**にあてはまる語句を，次の**ア～エ**から選びなさい。

ア 緊急集会

イ 常会（通常国会）　　**ウ** 特別会（特別国会）　　**エ** 臨時会（臨時国会）

（　　　　　）

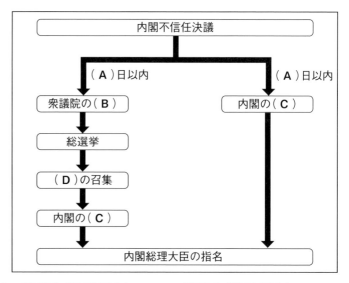

(4) 図中の「内閣総理大臣」とともに内閣を構成し，その過半数が国会議員でなければならないとされているものを何といいますか。

（　　　　　）

3 次の図を見て，あとの問いに答えましょう。 5点×7（35点）

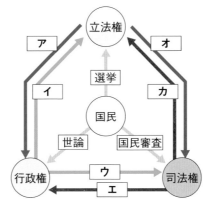

(1) 上の図のように，国の権力を 3 つに分けて，互いに抑制と均衡を保つ仕組みを何といいますか。 (　　　　　　　　　)

(2) 次の①～④があてはまる位置を，図中の**ア～カ**からそれぞれ選びなさい。
　① 最高裁判所長官の指名　　② 国会に対する連帯責任
　③ 弾劾裁判所の設置　　　　④ 法律の違憲審査
　　　　　①(　　　) ②(　　　　) ③(　　　　) ④(　　　　)

(3) 図中の「選挙」について，一定の年齢以上のすべての国民が選挙権を持つ原則を何といいますか。 (　　　　　　　　　)

(4) 不特定多数の人々への情報伝達の手段であり，図中の「世論」の調査などを行っているものを何といいますか。 (　　　　　　　　　)

4 地方自治について，次の問いに答えましょう。 5点×4（20点）

(1) 地方公共団体の自主財源であり，住民から徴収する税金を何といいますか。
(　　　　　　　　　)

(2) 次の①・②は国から地方公共団体に与えられるお金です。それぞれ何といいますか。
　① 地方公共団体どうしの財政の格差をおさえる目的で与えられる。
　② 特定の仕事を行うことを目的として，使い道を指定して与えられる。
　　　　　①(　　　　　　　) ②(　　　　　　)

(3) 地方自治における直接請求権は，住民が何を集めることで地方公共団体にさまざまな請求を行うことができる権利ですか。 (　　　　　　　　　)

04

経済活動と私たちのくらし

Theme | **20** ››› **28**

最近, 知り合いの大学生が起業したんだって

ベンチャー企業をはじめる若い人も多いからな

制度としては中学生でも社長になれるんだよね

なら今日からオレは社長になる!

部下のお前たちはなんでも相談しに来いよ!

ばばんっ

うわ

社長

…また調子に乗ってなんかはじめたで

社長!新商品の価格どうしましょうか?

新商品

なんですぐ設定に入り込めるん?

競合商品の10倍だ!

高っ!

（価格）高い　需要曲線　供給曲線

低い

0　少ない←→多い（量）

均衡価格

均衡価格は需要と供給の関係から決まるよ

社長!製造した商品すべてに傷がついてしまいました!

う〜んぱっと見わからないから販売!

ヤバっ!買った人がケガしたらどうすんの?

欠陥商品を売ると**製造物責任法（PL法）**で処罰されるよ

社長！融資の返済期限が迫っています！

社長！税金の支払いが滞っています！

ちゃんと支払わんかい！

金融は借りる人と貸す人の利子で成り立っていて税金は公共サービスに役立っているからね

社長！労働組合から抗議文が送られてきました！

社長！弊社の株価が暴落しています！

なぜだ！

こうぎぶん

ちゃんとした経営せんからやろ…

うちの会社は倒産だね…

とほほ

オレは社長に向いてないみたいだ…

オレも失業手当をもらおう…

社長は雇用保険に原則入れないから失業手当ももらえないよ

雇用保険に入っていたから失業手当がもらえた…

これでしばらく生活できそうだ

えっ？

洸は地道に働くところからはじめような…

その前に勉強からやろ…

私たちの消費生活

 今回は「私たちの消費生活」だよ。お金を使って商品を購入しながら生活することだね。

 商品には2種類あって、**形のある商品の財**と、**形のない商品のサービス**に分けられるんだぞ。

 形のない商品ってどういうこと？　ス〇バのフラペチーノとか？

 いや、液体とか気体ではない……。たとえば六花がライブに行くのにお金を払うだろ？　でも六花は何かモノをもらったわけじゃない。形のない商品とはそういうことだ。

 そして、**家計**が日常生活に関する財やサービスに支払うお金のことを**消費支出**というんだよ。

 POINT

家計
労働などで収入を得て、消費生活を営む単位。

 また俺がさっき言った「財」を売る仕事は**商業**というんだ。

 なんだか漢字がいっぱいで難しくなってきたな……。

 商業は商品を生産者から消費者に届ける流通の役割をになう。だから、洸がサッカーのスパイクをスポーツ店ですぐ買えるのは、スポーツ店が商業を行っているからだ。

 なるほどな〜。そういえば、こないだ買うたCDが不良品やったらしくて、再生しようとしたらプレーヤーがこわれてもうたわ。こういうのは誰かの責任になるん？

 ぼくなんか、昨日家にアメリカ留学に役立つっていう教材を売りに来た人がいてさ、つい買っちゃったんだけど、中身はドイツ語だった。アメリカは英語の国だよ、だまされたなあ。

 昨日買ったなら、 クーリング・オフ 制度を使えば無条件で契約を解除することができるよ！

 えっ、そんな制度があるの？　やった一助かった！

 こんな感じで、消費者がさまざまな被害をこうむることを**消費者問題**というんだ。

 何、他人事（ひとごと）みたいに解説してんの！　私もなんとかしてや！

 POINT

消費者の権利
1962年にアメリカのケネディ大統領が提唱。

 安心しろ。ちゃんと**消費者の権利**を守るための法律があるぞ。

消費者基本法…6つの権利を明記し、国や地方公共団体が消費者の自立を支援することを定めた法律。
製造物責任法（PL法）…消費者が欠陥商品のために被害を受けた場合、その商品を製造した企業に責任があるとする法律。

消費者契約法…契約の内容や結ばれ方が正しくない場合，消費者がその契約を取り消すことができるとする法律。

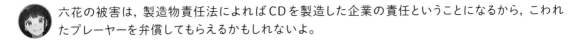 六花の被害は，製造物責任法によればCDを製造した企業の責任ということになるから，こわれたプレーヤーを弁償してもらえるかもしれないよ。

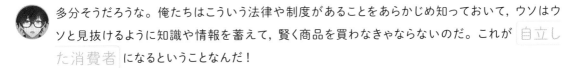 多分そうだろうな。俺たちはこういう法律や制度があることをあらかじめ知っておいて，ウソはウソと見抜けるように知識や情報を蓄えて，賢く商品を買わなきゃならないのだ。これが 自立した消費者 になるということなんだ！

でも知識を蓄えても，どうやって使えばいいかわからないからな……。

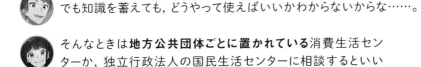 そんなときは地方公共団体ごとに置かれている消費生活センターか，独立行政法人の国民生活センターに相談するといいよ。2009年には消費者庁もつくられたから，安心してね。

🏛 POINT

消費者庁
消費者行政をまとめるため，内閣府の外局として設置された。

練 習 問 題

▶解答は P.119

1 次の（　　　）にあてはまる語句を，下から選びましょう。

(1) 商品は形のある（　　　　　　　）と形のないサービスに分けられます。

(2) 商品が生産者から消費者に届くまでの流れを（　　　　）といいます。

〔 財　　物　　貨物　　物流　　流通 〕

2 次の問いに答えましょう。

(1) 商品に欠陥があって消費者に被害を及ぼした場合，その商品を製造した企業の責任について定めた法律を何といいますか。　　　　　　　　　（　　　　　　　　　　）

(2) 消費者行政の一元化のために置かれている国の役所を何といいますか。
　　　　　　　　　　　　　　　　　　　　　　　　　　　　（　　　　　　　　　　）

生産活動と企業

 あら，新しいペンケースを買ったんだね。

 ええやろ，ウチの好きな漫画とのコラボグッズやで。そういう茉里もちゃっかりペンケース買い替えてるやん。フルートの形のペンケースなんてどこに売ってたん？

 えへへ，最近はこの企業のペンケースに注目してるんだ。いろんな楽器のものがあってね……。

 さて，今回のテーマは「生産活動と企業」だ！

 基よ，いきなり話に割り込むなって。

 さすがに今のはちょっとむりやりだったな……。

 んーまあ，かまへんかまへん。それで，生産活動と企業って何なん？

 六花やさしいな……。生産活動とは**財やサービスをつくること**だ。そして現代の社会で，生産活動の中心になっているのが企業だ。

 どうして企業が生産活動をになっているんだろう？

 利潤の追求だね。**利潤というのはもうけ**だよ。もうけがないと，企業は生産活動を続けることができないし，働く人たちに賃金を支払うこともできないからね。

 どの企業も 資本 というお金を用意してから生産活動を行い，さまざまな商品を生み出しているんだ。そうして**企業が商品を売って得た利潤で，さらに資本を大きくしていく仕組み**が，資本主義経済と呼ばれるものだ。

 なんや難しいけど，企業は資本主義経済を支えている大事な存在ってことか？

 その通り！　ちなみに企業にもいろいろあって，大まかに分類すると，右の表のようになるよ。**私企業**は，伊坂くんが言っていた利潤の追求を目的とする企業で，**公企業**は公共の利益（社会全体の利益）のために活動する企業があてはまるよ。

私企業	個人企業	農家, 個人商店など
	法人企業	会社企業, 組合企業など
公企業	地方公営企業	水道, ガス, バスなど
	独立行政法人	造幣局, 国立印刷局, 国民生活センターなど
公私合同企業	国や地方公共団体と民間企業が共同で地域開発を行う第三セクターなど	

 どうして，この表には大企業と中小企業の区別がないの？

 大企業と中小企業は資本金と従業員数による区別だからだよ。企業は，目的によって私企業と公

✓ 企業の自由な競争から生まれる技術革新によって社会は進化してきた。
✓ 企業は社会に及ぼす影響が大きいため，利潤の追求だけでなく，企業の社会的責任（CSR）もしっかり果たすことが求められている。

企業，規模によって大企業と中小企業に分けられるんだ。まあ，CSRを果たさなければならないのは，どの企業でも一緒なんだけど。

 規模が小さいからといって，中小企業は大企業に負けているわけではない。むしろ，大企業にない独自の先進技術や発想力を持つ  ベンチャー企業 も多いからな。

🏛 **POINT**

企業の社会的責任（CSR）
企業には法令を守り，消費者の安全や従業員の労働条件を適切に保ち，地域社会との共生・協働などの役割や責任があるという考え。

 なるほどな。規模は小さくても独自のモノで勝負する！　ってことか。なんかかっこいいな！　オレも将来はベンチャー企業の社長になるぞ！

 茉里のペンケースも見たことなかったけどかわいいもんな。どこの企業がつくってるんや……。あ，ペンケースの裏にQRコードあるやん。スマホのカメラで読み取って，ウチもこの企業の製品をチェックしよーっと。

 QRコードは，日本の企業がなしとげた**技術革新（イノベーション）**の一つだな。バーコードよりも情報の量が多くて読み取りが早いものを，ということで生まれた画期的な技術なんだぞ！

🏛 **POINT**

QRコード

 うわ〜ん，またもっくんに割り込まれた〜。

 伊坂選手，2度目の割り込みのため，レッドカードです！

練 習 問 題

▶解答は P.119

1 次の（　　　）にあてはまる語句を答えましょう。

(1) 企業は（　　　　　　　）の追求を目的として生産活動を行っています。

(2) 企業が生産した商品を売って得た(1)をもとにして，さらに資本や生産活動を大きくしていく仕組みを（　　　　　　　）といいます。

2 次の問いに答えましょう。

(1) 企業の社会的責任を，アルファベットの略称で何といいますか。　（　　　　　　　）

(2) 企業の自由な活動から生まれた画期的な新製品や生産方法の効率化のことであり，社会にも大きな影響を及ぼすものを何といいますか。　（　　　　　　　）

株式会社の仕組み

 昨日カブのシチューが家族に大好評でね。弟や妹たちが「カブシチおいし～」って喜んでたよ。

 春。今回のテーマが「株式会社の仕組み」だからって，冒頭からボケなくていいぞ。

 え，それとは関係ない実話なんだけど……。まあいいや，株式って何？　おいしいの？

 株式というのは，**出資者の権利や義務を定めた証書（証券）**のことだよ。今はすべて電子化されてるけどね。ちなみに，田乃内くんの質問に答えると「おいしい」かもしれないよ。

 えっ!?　株式っておいしいのか！　その「出資者」っていうのになれば食べられるか？

 まあまあそんな食い意地を張るなって……。出資者は資本を出す人のことだ。資本については前回やったとおり，生産活動のために用意するお金だ。それで，**多くの株式を発行して生産活動をする法人企業**を株式会社というんだ。あと茉里の言う「おいしい」は食べ物の意味じゃないぞ。

 ちょうどお昼時だからな～。その株式会社っていうのはどうして多くの株式を発行するんだ？

 お金を集めやすいからだね。大きな金額をポンと出せる出資家はあまりいないから，少額の出資家を数多く募集する方が効率がいいんだよ。

 ひろ～く，うす～くお金を集めてるんか。でも，お金を出して出資家にはいいことあるん？

 株式を持っている人は株主と呼ばれて，株主総会に参加する権利をもらえるんだ。実は株主総会は**株式会社の最高意思決定機関**なんだ。株主総会の議決で経営の基本方針が定まったり，その会社の役員が選ばれたりしているぞ。

 POINT

株主の責任

もし株式会社が倒産しても，株主は出資した金額を失うだけで，それ以上の責任を負わない。これを株主の有限責任という。

 株主総会では1株につき1票が与えられるよ。だから，多くの株式を持っている大株主ほど自分の意見が通りやすくなっているんだ。

 ということは，大株主が株式会社を経営しているのか？

 そういうケースもあるけど，たいていは株主総会で選ばれた役員などで構成される**取 締 役会**が具体的な方針を決めて，この方針に従って経営が行われているね。これを 所有（資本）と経営の分離 というんだよ。

 その場合，所有が株主，経営が取締役会ってことになるね。なんで別々なの？

 株式会社は資本を集めるために株式を買ってもらうが，多くの出資家が参加する株主総会は意

☑ **株式会社とは，株式の発行で得た資本によって設立される法人企業である。**

☑ **株式会社の区分的所有者は株主であり，株主総会で決定された基本方針に従って，株主総会で選ばれた取締役が実際の経営にあたっている。**

見がまとまりにくくて経営に向いていないんだ。となると，専門的な知識や豊富な経験を持った少数の人間を役員に選んで，取締役会に経営を任せてしまった方がいいということになる。

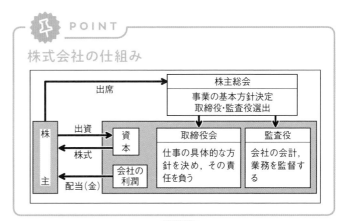

POINT

株式会社の仕組み

 でも経営ができないなら別に株主になる意味あんまりなさそうだな～。

 でもその代わり，株主は持っている株式の数に応じて，企業の 利潤 の一部を配当（配当金）として受け取れるんだ。つまり企業の業績が良くなると配当の金額が多くなるというわけだね。

 他には，株価つまり**株式の値段**だな。企業の業績が良くなりそうなら株式を買う人が増えて株価が上がるから，そのときに持っている株式を売れば利益を得ることができるんだ。

 茉里が言ってた「おいしい」ってそういうことか～。よっしゃ，ウチも株主になってもうけたろ。株式はどこで買えるんかな，八百屋さん？

 あらら，田乃内くんみたいなボケだね。株式の売買は証券会社を通じて**証券取引所**で行うようになっているよ。頑張ってね，六花。

練 習 問 題

▶解答は P.119

1 次の問いに答えましょう。

(1) 株式会社の最高意思決定機関を何といいますか。　　　（　　　　　　　　　　）

(2) (1)で選ばれた役員で構成され，株式会社の具体的な仕事の方針を決めて実行する機関を何といいますか。　　　　　　　　　　　（　　　　　　　　　　）

2 次の（　　　　）にあてはまる語句を答えましょう。

(1) 株主は株式会社が利潤の一部を（　　　　　　　　）として分け与えることを保障されています。

(2) 株式は，（　　　　　　　　）取引所などで自由に取り引きされることによって株価が決まります。

労働者の権利と課題

洸に試練を与えよう。「社会権」のテーマでやった**労働基本権（労働三権）**をすべて答えよ。正解したら学食の食券をやるぞ。その代わり，間違えたら購買の焼きそばパンをおごってくれ。

え，えーっと，団結権！　団体交渉権！　それと団体行動権または 争議権 （ストライキ権）だ！

むむ，正解。仕方がないな，賞品の食券を授けよう。よし，春にも試練だ。団体交渉権と団体行動権の「団体」って何を指している？

こっちにも来た！　確か，団結権でつくる権利が保障されている 労働組合 のことだよね？

くっ，またもや正解。ほら，春にも食券だ。あーあ，焼きそばパンを食べそこなった……。

自分のお昼ご飯確保してなかったんかい！　しゃーないな，ウチが買ってきたるわ。その代わり焼きそばパン代とウチのジュース代ちょうだいな。じゃ！

ちょっと待って六花，伊坂くんに雇われるつもりなら労働について知っていかない？

へ？　雇われるとは思ってなかったんやけど……。なんか知ってた方がよさそうやな。頼むわ！

焼きそばパンを買うという労働力を提供してジュース代という賃金を受け取るんだから，それも労働かもね。労働するなら法律も知っとかないとね。労働基本権を保障する日本国憲法の公布に前後して，国は労働者保護のための法律を定めたんだ。その中で重要なのは**労働組合法・労働関係調整法・労働基準法の労働三法**だよ。

POINT

労働基準法
労働時間を１日８時間以内，週40時間以内とするなど，労働条件の最低基準を定めた法律。

戦後は，労働者の権利が憲法や法律でしっかり守られるようになったので，安心して働ける人が増えたんだ。あと，俺は六花を雇った覚えはないぞ。

お，もっくんが立ち直った。ほんなら，今の働く人の環境はどうなってるんかな？

私の祖父が言うには，ここ30年くらいで労働のあり方などが大きく変化したみたいだね。

茉里のおじいさんは大企業のお偉いさんだから，いろいろ見てきたんだろうな。高度経済成長の頃は終身雇用や年功序列賃金が当たり前だったが，今はそうじゃなくなっているし。

終身雇用…１つの企業や役所の正規労働者として，定年まで雇用し続けること。
年功序列賃金…年齢や勤続年数とともに賃金や地位が上がっていく仕組み。

グローバル化（グローバリゼーション）や不況などの影響で労働のあり方が変化したからね。たとえば，**外国人労働者の増加**もその一つ。工場や倉庫などでは多くの外国人が働いているよ。

✓ 労働は収入を得る手段でもあり，社会参加や自己実現の手段でもある。
✓ 憲法で認められた労働者の権利は，労働三法などの法律で守られている。
✓ 非正規労働者の増加は働き方の多様化の現れだが，多くの課題がある。

 コンビニでも外国人の店員さんをよく見かけるよなー。不況っていうのは，今も続いてるのか？

 そう，バブル経済の崩壊がきっかけで始まった長引く不景気の中で，苦しくなった企業が人員削減などのリストラクチャリング（事業の再構築）を行ったので 失業者 が増えた。一方で，非正規労働者の雇用も多くなったんだ。

 POINT

非正規労働者
パート・アルバイト，契約労働者，派遣労働者など。正規労働者に比べて，生活が不安定になりやすい。

 なんで企業は非正規労働者を雇うようになったの？

 同じ仕事をしていても，非正規労働者に支払う賃金は正規労働者より少なくてすんだからだよ。あと，非正規労働者は正規労働者より辞めさせるのが簡単だから人員の調整がしやすかったこともあるね。

 POINT

ワーク・ライフ・バランス
労働時間の短縮や育児・介護休業の権利の確立などによって，仕事と生活を両立させること。

 国は労働のあり方として**ワーク・ライフ・バランス**の実現を目指しているけど，今のままの状況じゃなかなか難しいだろうな。

 ぼくたちもいつか就職するかもしれないけれど，そのためにまずは公民をちゃんと勉強しようっと！

練 習 問 題

▶解答は P.119

1 次の（　　　）にあてはまる語句を答えましょう。

(1) （　　　　　　）は，労働時間を1日8時間以内，週40時間以内とすることなどを定めた法律です。

(2) （　　　　　　）は，1つの企業や役所の正規労働者として定年まで雇用することです。

2 次の問いに答えましょう。

(1) パート・アルバイト，契約労働者，派遣労働者などをまとめて何といいますか。

（　　　　　　　　　　　）

(2) 労働時間を減らしたり，育児・介護のために休む権利を充実させたりして，仕事と生活を両立させることを何といいますか。 （　　　　　　　　　　　）

価格の決まり方

 もっくん，聞いてや。最近レタスの値段が高う（たこ）なってんねんて。

 レタスはな，鉄製の包丁で切ると変色してしまうんだ。だから，手で葉っぱを1枚1枚千切っていくといいぞ。そうしたらきれいな色もシャキシャキ感もしっかり残るからな。

 ほう，参考になるわ。いや，今は値段の話をしてんねん！

 本場のノリツッコミをどうもありがとう……。レタスが高い？　それは供給量が少ないんだろう。**市場（しじょう）での価格は需要量と供給量の関係で決まる**からな。

> 🏛 **POINT**
>
> **市場（マーケット）**
> 生産者と消費者の間で商品を売り買いする場のこと。資本主義経済はあらゆる場所に市場の仕組みが見られる市場経済に支えられている。

 右のグラフを見るとわかりやすいよ。まず，需要曲線は**消費者（買い手・需要者）が買おうとする量**である需要量の変化を示しているよ。消費者は商品の価格が安いとたくさん買うけど，価格が高くなるとあまり買わなくなるよね。

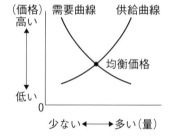

 ああ，スーパーで安売りされている卵は瞬殺なのに，強気な値付けになっている高級卵は買う人が少ないもんね。

 次は供給曲線ね。これは**生産者（売り手・供給者）が売ろうとする量**である供給量の変化だよ。生産者はできるだけ多くの利潤を得たいから，商品の価格が安いとあまり売ろうとしないけど，価格が高くなるにつれて売る量を増やしていくよ。

 このグラフで，需要曲線と供給曲線が交わる●のところの「均衡価格」って何だ？

 なんやわからんけど，バランスよさそうやね？

 そうそう，六花の言う通りだ。2つの曲線が交わるのは，**需要と供給のバランスが取れているとき**ということになる。そして，このときの価格は 均衡価格 と呼ばれているんだ。

> 需要量＞供給量の場合…商品が**不足して売り切れやすい**。価格は上がるので，供給量が増加。
> 需要量＝供給量の場合…均衡価格となり，ちょうど商品を売り切ることができる。
> 需要量＜供給量の場合…商品が余って**売れ残りやすい**。価格は下がるので，需要が増加。

 地理でやった促成栽培や抑制栽培は，このような価格の動きを利用しているんだ。たとえば，レタスは暑さに弱い野菜だから，夏の供給量が少なくなるよね。そこで，群馬県や長野県の農家は夏でも涼しい高原の気候を利用してレタスをおそづくりし，他の産地のものがあまり出回らないタイミングを見計らって出荷しているの。そうやって均衡価格に近づいていくんだよ。

☑ **市場価格の変動によって需要量と供給量が調節され，均衡価格に導かれる。**
☑ **市場の競争を促すための法律である独占禁止法に基づいて，国の機関である公正取引委員会が市場の監視や企業の指導などを行っている。**

 なるほど，レタスの抑制栽培をすることで，多くの利潤を得ることができているんだね。

 そういうことだね。**市場経済のもとでは市場価格の動きにつれて，需要量や供給量が自動的に調節されていくから，お金や資源などが効率的に使われる結果になるんだよ。**

 POINT

独占・寡占
その市場で商品を供給する企業が1社だけの状態を独占，ごく少数の状態を寡占という。

 ただし，市場が**独占**や**寡占（かせん）**の状態になってしまうと，市場価格が需要量や供給量を反映しにくくなるんだ。独占や寡占が進んだ市場では自由競争が弱まるからな。

 サッカーでいえば，ロナルドがずっとボールをキープしていて主導権を握っている状態なんだなー。……はっ，もしかして自由競争が行われないのは，独占や寡占をしている企業が商品の価格を決めてしまうせいなのか？

 池端くん，鋭い！　こういう価格を**独占価格**とか**寡占価格（管理価格）**といってね，企業が得をして消費者は損をするような設定になってしまうんだ。そうならないように，国は**独占禁止法**を制定して，自由競争を促しているよ。

 でも，ハガキとか手紙の郵便料金ってあまり変わらないよね。これはどうなっているの？

 郵便とか，電気・ガス・水道の価格や公共交通機関の運賃など**国民生活に大きな影響があるもの**は，国や地方公共団体が決定・認可する　公共料金　となっているんだ。

 よかった〜。もし電車代がレタスの値段みたいにコロコロ変わってたら，定期代もコロコロ変わって学校通えへんようになるからな。

練 習 問 題

▶解答は P.120

1 次の問いに答えましょう。

(1) 生産者と消費者の間で商品を売り買いする場を何といいますか。（　　　　　　　　　）

(2) 資本主義経済では，あらゆる場所に(1)の仕組みが見られることから，何と呼ばれていますか。
（　　　　　　　　　）

(3) (1)において，商品を供給する企業が1社だけの状態を何といいますか。
（　　　　　　　　　）

(4) (1)において，商品を供給する企業が少数しかない状態を何といいますか。
（　　　　　　　　　）

金融

 今回のテーマは「金融」か。金融ってよく聞く言葉だけど，どういう意味なんだ？

 「お金を融通し合う」という意味だよ。融通は必要なものをある所からない所へ動かすことね。

 要するに，お金を貸したり借りたりするってこと？

 そうそう……。あ，思い出した！　洸，先週貸した500円をまだ返してもらってないぞ。

 ちぇっ，覚えていたか。はい500円硬貨1枚な。

 よしよし。とまあ，こんなふうに**当事者どうしで貸し借りすること**を 直接金融 というんだ。

 もう1つは 間接金融 で，これは**金融機関を仲立ちにして資金を借りること**をいうよ。金融機関の代表といえば銀行だけど，銀行は家計・企業から集めた**預金**を，他の家計・企業に**貸付（融資）**することが重要な仕事になっているね。

 でも，お金を渡してるだけじゃ銀行のもうけはないよね？

 うん。だから，借りたお金を返すときは， 元金 という借りた金額に利子（利息）をプラスして支払わないといけないことが多いよ。

 せやったら，銀行は預金にも利子を支払わないとあかんことにならへん？

 預金の金利より貸付の金利を高くしているよ。その差額が銀行の収入になるんだ。

POINT

利子（利息）
借り手が元金の額に応じて，一定の期間ごとに負担しなければならない金銭。元金に対する利子の比率を**金利（利子率）**と呼ぶ。

 他には，為替や銀行振り込み，ATMなどの手数料も銀行の収入になっているな。

 ATMっていろいろと便利だよな。オレの母ちゃんもATMに預金通帳を入れて，通販の代金とか支払ってるぜ。あれってどういう仕組みなんだろ？

 この場合，洸のお母さんと通販の会社の預金口座の数字を書き換えているだけだな。

 えっ，数字を書き換える？　もしかして母ちゃんは詐欺にあってしまったのか!?

 違うから安心しろ。これは**預金通貨**といって，預金そのものが支払いの手段になっているんだ。

 ちなみに，日本で流通している通貨全体のおよそ9割が預金通貨なんだよ。残りのおよそ1割は**現金通貨**，つまり私たちがいつも使っている硬貨や紙幣だね。

♡ **貨幣（通貨）は財・サービスと交換したり，価値を示したりするために使われる。また，将来の使用に備えて貯めておくこともできる。**

♡ **金融はお金の流れをスムーズにして，生産や消費を後押しする働きがある。**

 前から気になっていたんだけど，硬貨や紙幣ってどこでつくっているの？

 硬貨は造幣局で鋳造されているよ。紙幣は**日本銀行（日銀）**が発行しているね。

 造幣局と日本銀行か～，紙幣を発行している所ならお金が貯まりそうで縁起がええし，ウチも日本銀行で通帳つくってもらお！

 残念。日本銀行は特別な働きを持つ**中央銀行**だから，一般人は口座を開けないんだぞ。

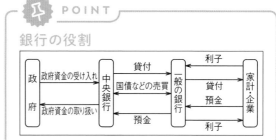

⚙ POINT

銀行の役割

 えー，そうなのかよ。その中央銀行ってのはどんな銀行だ？

一国の金融や通貨制度の中心という役割を持っている銀行だ。日本銀行には３つの特別な働きがあって，それぞれに次のような呼び名がついているんだ。

> **発券銀行**…紙幣を発行する役割。このため，日本の紙幣は**日本銀行券**と呼ばれる。
> **政府の銀行**…政府のお金を預かって，その出し入れを行う役割。
> **銀行の銀行**…民間の銀行に対して，お金の貸し出しや預金の受け入れを行う役割。

 日本銀行券の肖像になっている人物は，社会科の問題で取り上げられることが多いみたいだね。肖像の人物が変わる時期には要チェックだよ。

練 習 問 題

▶解答は P.120

1 次の（　　）にあてはまる語句を答えましょう。

⑴ （　　　　　　　）は，お金を借りる側が元金の額に応じて，一定の期間ごとに負担しなければならない金銭です。

⑵ 日本で流通する通貨全体の約９割を（　　　　　　　）が占めています。

2 次の問いに答えましょう。

⑴ その国の金融や通貨制度の中心という特別な役割を持っている銀行を何といいますか。

（　　　　　　　　　　　　）

⑵ 日本銀行が発券銀行になっていることから，日本の紙幣は何と呼ばれていますか。

（　　　　　　　　　　　　）

景気と金融政策

じゃーん，ＮＹ（ニューヨーク）で流行中のパーカーだよ。国際展開している通販ストアで買ってもらったんだ！

おお，多国籍企業で有名なあそこな。んで，このパーカーはいくらだった？

アメリカから直輸入で，ちょうど100ドルだったよ。

100ドルって，日本の円でなんぼなん？

今の為替相場（為替レート）は１ドル＝120円だから，パーカーのお値段は 12000 円だね。

しかし，先月は１ドル＝110円だったから，もっと早くポチっとけば安く買えたな。

ニュースで見たことある！　円安とか円高とかいうやつだよな。この場合はどっちなんだ？

外国の通貨に対する円の価値が低くなれば円安，高くなれば円高というから，１ドルが110円から120円になったら 円安 だね。

ウチも新しい服買いたくなってきたわ。なあなあ，今ってどんな色が流行ってるんかな？

そういえば，**好景気（好況）のときは派手な色が，不景気（不況）のときは地味な色が流行する**らしいぞ。実際，高度経済成長期の好景気では蛍光色，バブル経済崩壊後の不景気ではモノトーンの服が売れたそうだ。

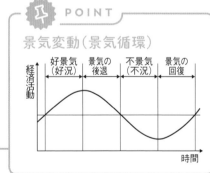

景気によって流行も変わるんだ。景気って何者？

景気は**経済全体の状況**のことだ。そして，**社会全体の需要や供給の動きを反映して好景気（好況）と不景気（不況）が交互にくり返されている**んだ。これを景気変動（景気循環）というけど，それぞれの好景気・不景気の長さには差があるぞ。

> 好景気（好況）…需要の増加で企業が生産を増やすため，家計の収入も増える。商品が不足するので，物価の上昇が続くインフレーションが起こる。
> 景気の後退…生産の増加で供給が需要を上回り，商品が売れなくなって企業の利潤が減少。
> 不景気（不況）…商品が売れ残るので企業は生産を減らし，家計の収入も減る。商品を売るために価格を下げるので，物価の下落が続くデフレーションが起こる。
> 景気の回復…供給が減るが，商品の値下がりで消費が増えるので企業は再び生産を増やす。

♡ 為替相場の変動は貿易に影響を与え, 日本の産業の空洞化の一因になった。
♡ 資本主義経済では好景気と不景気が交互に起こるが, 日本銀行は金融政策を行って景気を安定させ, 過度な物価の変動をおさえることに努めている。

 へえ, 景気変動には4つの段階があるんやな。そうなると, 好景気のときに派手な色の服が売れるのは, お金に余裕のある人が多いってことやろか。

 だったら, 不景気のときはお金に余裕がない人が多いから, 着回しができるように地味な色の服を買うのかもしれないね。派手な色の服って何度も着ないもん。

 しかし, 景気変動が大きいと経済に悪影響が出てしまう。たとえば, 急激な景気の後退で 恐 慌 が起きると経済が混乱する。だから日本銀行は, 景気や物価を安定させるために金融政策を行っているんだ。

工 POINT

金融政策

不景気のとき 国債を買う	日本銀行	好景気のとき 国債を売る
国債 通貨	公開市場	国債 通貨
資金の量が増える	一般の銀行	資金の量が減る
貸し出し(増)		貸し出し(減)
	企業	

 右は公開市場操作(オープン・マーケット・オペレーション)といって, 一般の銀行を相手にして国債の買いオペや売りオペをしているんだよ。

 日本銀行と一般の銀行が国債を売り買いしてるの?

 うん, **買いオペをすると一般の銀行の資金量が増える**から, 企業への貸し出しが多くなり, 生産が拡大して景気が回復する。逆に, **売りオペをすると一般の銀行の資金量が減る**から, 企業への貸し出しがおさえられて生産が縮小して景気が後退するという仕組みになっているね。

 何事もほどほどが一番だぜ……。

練 習 問 題

▶解答は P.120

1 次の問いに答えましょう。

(1) 複数の海外の国に拠点を持つ企業を何といいますか。 （　　　　　　　　）

(2) 異なる通貨の交換比率を何といいますか。 （　　　　　　　　）

2 次の(　　　)にあてはまる語句を答えましょう。

(1) 社会全体の需要量や供給量の動きなどに応じて, 好景気と不景気が交互にくり返されることを
（　　　　　　　　　　　）といいます。

(2) 日本銀行は, 景気と物価を安定させるために, 公開市場操作などの(　　　　　　　　　)を
行っています。

財政

 なあ，基。納税の義務って大変だと思うんだよ。1万円の買い物をしたら消費税として千円も取られるんだぜ。きつくね？

 なんだ，やぶから棒に。国民の三大義務の一つなんだから，当然果たすべきだろ。それに政府（国・地方公共団体）は**税金（租税）**を社会資本（インフラ）の整備や公共サービスに使っているんだが，サッカーの練習で行く公園が荒れ放題になってもいいのか？

> ## POINT
> 社会資本（インフラ）・公共サービス
> 道路や水道，港湾，公園など経済の基盤となる施設を社会資本といい，国や地方公共団体が行う警察・消防・学校教育・社会保障などの仕事を公共サービスという。

 それはよくないぞ。でもな，しがない学生に10%の消費税は大きいと思わないか？

 消費税の短所だね。みんな税率が同じだから，所得が低い人ほど負担が重くなっていくの。

 不公平を感じるなあ。お金をたくさん持っている人から多くの税金を取ればいいのにさ。

 所得税などの累進課税制度は，**課税の対象となる金額が多いほど税率が高くなる**仕組みなんだ。

 消費税は**間接税**，所得税と相続税は**直接税**に分類されるが，それぞれの特徴は違う。だから，両方をうまく組み合わせることで税金の公平性が守られるようになっているんだぞ。

> **直接税**…納税者（税金を納める人）と担税者（税金を負担する人）が同じである税金。所得税，法人税，相続税など。
> **間接税**…納税者と担税者が異なる税金。消費税，酒税，たばこ税，関税など。

 さっきから税金の名前がポンポン出てるけど，いっぱいあって混乱するわあ……。

 まだまだあるぞ。現在はざっと50種類くらいだ。ちなみに，税金の分け方はもう1つある。

> **国税**…国に納める税金。消費税・所得税・法人税の割合が高い。
> **地方税**…地方公共団体に納める税金。

 国税の使い道については，内閣がつくった**予算**を，国会が審議・議決を行うことで決められているね。予算は**1年間の収入**である 歳入 と**支出**である 歳出 をセットにした計画だよ。

 なんか，「地方自治」のテーマでやった首長と地方議会の関係に似ているな。

 確かに。ただ国税は，税収が足りていないから**国債**の発行が増えているという問題があるんだ。

> ## POINT
> 国債
> 国が発行する債券（借金証書）。同じように地方公共団体が発行するものを地方債という。国債と地方債をまとめて公債と呼ぶ。

国に入ってくるお金が多くなってええやんか〜。

 国債は国の借金だからな，歳出の一部を元金の返済や利子の支払いにあてなければならなくなるんだ。

 国債費の分は国が自由に使うことができないお金になってしまっているんだよ。

 ところで前回，日本銀行が 金融 政策を行っていることをやったよな。実は，政府も日本銀行と協力して，景気の安定のために財政（政府の経済活動）を通じて財政政策を行っているんだ。

> 好景気（好況）→公共投資（公共事業への支出）を減らして，企業の仕事を減らす。
> 　　　　　　　　増税を行って，家計や企業の消費・生産活動をおさえようとする。
> 不景気（不況）→公共投資を増やして，企業の仕事を増やす。
> 　　　　　　　　減税を行って，家計や企業の消費・生産活動を活発化させようとする。

 増税って，好景気の行きすぎをおさえる手段になっているんだね。

 つまり，政府の税収が多かったら国債の発行も少なくてすむし，財政政策もやりやすくなるってことだよな。なら，オレらの世代がいっぱい稼いでガンガン納税すればいいんじゃないか？

 そうだな！　洸が社長になって俺たちの分の税金も納めてくれよ！

 おう，任せとけ！　……あれ，納税は国民の義務だったよな，なんかおかしくね？

練 習 問 題

▶解答は P.120

1 次の（　　）にあてはまる語句を答えましょう。

（1）（　　　　　　　　　　　）は，道路や水道，港湾など経済活動の基盤となる施設のことです。

（2）（　　　　　　　　　　　）は，国や地方公共団体が国民や住民のために行う警察・消防・学校教育・社会保障などの仕事のことです。

2 次の問いに答えましょう。

（1）国が発行する債券（借金証書）を何といいますか。　　　　　　（　　　　　　　　　）

（2）国が公共投資や税金の増減など，歳入や歳出を通じて景気の安定を図る政策を何といいますか。　　　　　　　　　　　　　　　　　　　　　　　（　　　　　　　　　）

社会保障

 日本国憲法には「すべて国民は，健康で文化的な最低限度の生活を営む権利を有する」という条文があるけど，これは何という権利のことでしょうか。六花，わかる？

 ちゃんと覚えてるで。その「権利」の名前は
　生存権　や！

 ナイス，正解だよ。これは第25条の第1項でね，第2項は右のような条文になっているよ。

 今回のテーマは「社会保障」か。

 日本の社会保障制度は憲法第25条がもとになっているからな。第1項の「健康で文化的な最低限度の生活を営む権利」を保障する公的扶助，第2項に書かれている社会福祉・公衆衛生，それに社会保険を加えた4本柱になっているんだ。

 POINT

日本国憲法第25条第2項
国は，すべての生活部面について，社会福祉，社会保障及び公衆衛生の向上及び増進に努めなければならない。

POINT

社会保障
国が個人の生活を保障する制度。第二次世界大戦後のイギリスで全国民を対象にした「ゆりかごから墓場まで」の一生を保障する社会保障制度が成立した。

> 公的扶助…生活保護法に基づいて，最低限の生活を営めるように生活費などを支給し，自立を助ける。
> 社会福祉…高齢者や障がい者など，社会的に弱くて自立が難しい人々を支援する。
> 公衆衛生…保健所などを通じて，生活環境の改善や感染症の予防などを行う。
> 社会保険…保険料を支払い，収入がなくなった場合などに給付を受ける仕組み。日本では，すべての国民が医療保険と年金保険に加入する国民皆保険・国民皆年金が実現。

 次は社会保障の課題についてやるね。まず，日本の社会保障給付費は，右のグラフのようにだんだん増えているんだ。

 本当だ。1990年に比べると，2020年は80兆円くらい多いね。えっ，すごく増えてない？

 そう，かなり増えているんだ。さらに右下のグラフも見てくれ。このグラフから，どのようなことが読み取れる？

 1990年から2020年にかけて，年少人口（**14歳以下の人口**）の割合が減って，老年人口（**65歳以上の人口**）の割合が増えてるっぽいな。これが，「現代社会の特色」のテーマでやった　少子高齢化　ってことか。

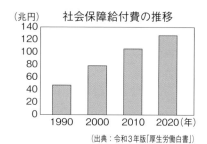

社会保障給付費の推移

（兆円）

（出典：令和3年版「厚生労働白書」）

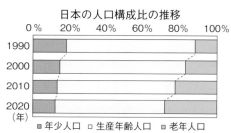

日本の人口構成比の推移

■ 年少人口　□ 生産年齢人口　■ 老年人口

（出典：総務省統計局「国勢調査」）

ん，待てよ。年少人口とともに生産年齢人口（15～64歳の人口）の割合も減っていないか？

 そうだよ，年少人口が成長したら生産年齢人口になるからね。社会保障という制度は，おもにこの生産年齢人口が納める税金や保険料によって支えられているんだ。そして，生産年齢人口の割合が減っていったらどうなると思う？

老年人口1人当たりの生産年齢人口の推移

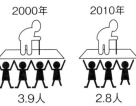

 言葉だとわかりにくいよな。何が起こるかをイラストにすると，右のようになるんだ。

 うわ！　お年寄りを支える人数が減ってる！

 うん，老年人口1人を支える生産年齢人口の人数がだんだん少なくなってるんだよ。2000年頃は「胴上げ型」と言われていたけど，今は「騎馬戦型」になっちゃったんだ。このままだったら，将来は「肩車型」になると考えられているね。

 肩車のように，1人が1人を支えなければいけなくなるってことか。お年寄りを大切にしたい気持ちはあるけど，支える側の負担が重くなるのはきついなあ。政府は対策していないの？

エ POINT

介護保険
40歳以上の国民が加入して保険料を支払い，必要な場合に介護サービスを受ける制度。

 2000年に介護保険という新しい制度を始めたりしたけど，生産年齢人口の負担が大きいという課題は残ったままだね。

ウチらがお年寄りになったときに，どうなってるんやろか……。

練 習 問 題

▶解答は P.121

1 日本の社会保障制度について，次の（　　　　）にあてはまる語句を答えましょう。

(1) 生活保護法に基づいて，最低限の生活を営めるように生活費や教育費などを支給する仕組みを（　　　　）といいます。

(2) 高齢者や障がい者，子ども，母子・父子家庭など，社会的に弱くて自立が難しい人々を支援する仕組みを（　　　　）といいます。

(3) 各地にある保健所や保健センターを通じて生活環境の改善や感染症の予防などを行い，人々の健康や生活を守る仕組みを（　　　　）といいます。

(4) 保険料を支払い，病気やケガなどで働けなくなり収入がなくなった場合などに給付を受ける仕組みを（　　　　）といいます。

▶解答は P.121

| 🗒 勉強した日 | 月 | 日 | 得点 |

まとめのテスト

/100点

---

1 右の図を見て，次の問いに答えましょう。 5点×7（35点）

(1) この図は，株式会社の仕組みを示したものです。図中の**A**〜**D**にあてはまる語句を，┌──┐から選んで書きなさい。

┌─────────────────┐
│ 株式　　資本 │
│ 配当　　利潤 │
└─────────────────┘

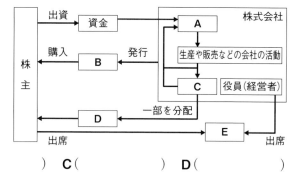

A（　　　　　　） B（　　　　　　） C（　　　　　　） D（　　　　　　）

(2) 図中の**E**にあてはまる語句を答えなさい。 （　　　　　　　　）

(3) 株式会社などで働く人たちの権利を守るため，労働三法が定められています。この労働三法に含まれる法律を，次の**ア**〜**エ**から２つ選びなさい。［順不同］

ア 労働契約法 **イ** 労働組合法 **ウ** 労働基準法 **エ** 製造物責任法

（　　　　　） （　　　　　）

---

2 右は，ある商品の価格の決まり方を表したグラフです。このグラフを見て，次の問いに答えましょう。 5点×3（15点）

(1) この商品の均衡価格はいくらですか。

（　　　　　　　）円

(2) この商品が１個700円で売られた場合について，次の文中の□□□にあてはまる数字を答えなさい。

┌──────────────────────────┐
│ 需要量は約20万個だが，供給量はそ │
│ れよりも約□□□万個多くなる。 │
└──────────────────────────┘

（　　　　　　）万個

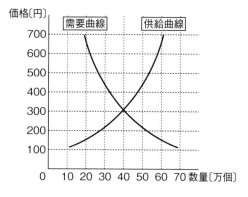

(3) この商品が１個200円で売られた場合，売り切れと売れ残りのどちらになると考えられますか。売り切れか売れ残りかで答えなさい。 （　　　　　　　）

3 次の図は金融の仕組みを表した図です。この図を見て，あとの問いに答えましょう。

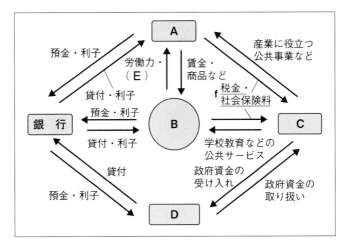

⑴ 図中の**A〜C**にあてはまる主体の名前を，次の**ア〜ウ**からそれぞれ選びなさい。

   ア 家計　　**イ** 企業　　**ウ** 政府

                           A（　　　　　）　**B**（　　　　　）　**C**（　　　　　）

⑵ 図中の「銀行」は預金の[　　　　]よりも貸付の[　　　　]を高くして，その差額を収入にしています。[　　　　]にあてはまる語句を答えなさい。　　　　　　　　　（　　　　　　　　　）

⑶ 日本の中央銀行である図中の**D**を何といいますか。　　　　　（　　　　　　　　　）

⑷ 図中の**E**は，財やサービスを買うためにお金を支払うことです。これを何といいますか。

                                            （　　　　　　　　　）

⑸ 図中の下線部**f**について，次の各問いに答えなさい。

   ① 消費税のように，納める人と税金を負担する人が異なる税金を何といいますか。

                                       （　　　　　　　　　）

   ② 社会保険料によって運営される社会保険と，公的扶助・社会福祉・公衆衛生をまとめて何といいますか。　　　　　　　　　　　　　　　　　　　（　　　　　　　　）制度

⑹ 図中の**C**と**D**は景気の安定化のために協力しています。不景気（不況）のときに起こることや行われる政策を次の**ア〜エ**から２つ選びなさい。［順不同］

   ア 物価の下落が続くデフレーションが起こる。

   イ 物価の上昇が続くインフレーションが起こる。

   ウ **C**が減税を行って，消費・生産活動が活発になるようにする。

   エ **D**が売りオペを行って，銀行の資金量を減らし，企業への貸し出しをおさえる。

                                （　　　　）（　　　　）

05

世界の中の私たち

Theme | **29** ››› **36**

いよいよ公民も大詰めだな　最後は世界と俺たちの関わりについてだ!

ええ〜〜日本のことだけじゃだめなのか?　お腹すいた…

世界のことを知るのはとっても重要だよ　たとえば…

高級なアメちゃんが残ってるけどみんな食べる?

高級なアメちゃん

ハイハイ!ウチが全部もらう!

いや不平等だろ!オレにも半分よこせ!

全員に行き渡らないよ…。

世界規模でこれと同じ問題が起きてるんだ

どゆこと?

すべての国が資源(アメ)をほしがると,強い国が全部もっていったり,資源をめぐって争いが起きたり資源を受け取れない人が出てしまったりするでしょ?

29 国家

 あのさ，ぼくの家が独立するには何をしたらいいのかな？

 おお，面白そうな話じゃん。新しい独立国の国名はタノウチ国だな。

 なぜそういう話になったかわからんが，タノウチ国をつくるには「国家の三要素」が必要だぞ。国民・主権・領域の3つだ。

 国民は家族だね。領域って何のこと？

 領空・領土・領海の3つを合わせたものだ。

 ほんなら，主権はどういうもんなん？

 他国から支配や干渉を受けないで，国内の政治や外交を決める権利のことだよ。

 日本国憲法の原則の一つに国民主権があったけど，あれと同じ意味なのか？

POINT

国家の領域

宇宙空間（大気圏外）＝
国家の主権が及ばない国際的空間

大気圏内
領空　　　公空
領海　排他的経済水域　公海
12海里（約22km）　（他国の船も自由に航行できる）
領土
200海里（約370km）
低潮時の海岸線
1海里＝1852m

 あっちは「国の政治のあり方を最終的に決めることができる権利」のことだね。

 主権国家（主権を持つ国）をつくるなら，国旗や国歌も決めようぜ。

 日本の国旗は 日章旗 （日の丸），国歌は「君が代」って決められてるやんな。

 うーん，国旗は「田」のマーク，国歌は弟や妹たちがつくった「お兄ちゃんえらいぞの唄」でいいかな。

 そうそう，主権国家になったら国際社会のルールを守ることが求められるぞ。

 いわゆる国際法だね。具体的には，国際慣習法と成文国際法（条約）のことだよ。

> **国際慣習法**…国家どうしで長年守ってきたしきたりが法となったもの。
> ・**内政不干渉の原則**…主権国家は内政に責任を持ち，他国の支配・干渉を受けない原則。
> ・**主権平等の原則**…主権国家は領土や人口などの大小に関係なく，平等に扱われる原則。
> ・**公海自由の原則**…公海では，どの国の船でも自由に航行や操業ができる原則。
> **成文国際法**…二国間または多国間で文書によって合意した内容が法となったもの。条約のほか，協定，協約，規約，憲章，宣言，議定書などのさまざまな呼び方がある。

 なんで主権国家は国際法を守らんとあかんの？

☑ 国際社会は, 主権国家が外交によって良好な関係を築き, 国際法を守って国際協調の体制を固めていくことによって維持される。

☑ 日本は, 北方領土や竹島などで領土をめぐる対立がある。

 国際協調のためだぞ。しかし, それでも国家どうしの争いは起こってしまうんだ。ここで日本のようすを見てみようか。

 右の地図の☐は, 日本の領海と排他的経済水域を示しているよ。

は日本の経済水域（排他的経済水域）

択捉島

与那国島

沖ノ鳥島　南鳥島

135°　（「海上保安庁資料」より作成）

 領海は領域の一部だけど, 排他的経済水域はどういう扱いなんだ?

 排他的経済水域は領域に含まれないから, 日本の主権は及ばないね。でも, 沿岸国には優先的に資源を保全する権利があるよ。

 日本は固有の領土をめぐって周辺国との問題をかかえているんだ。

> 北方領土…太平洋戦争末期に日ソ中立条約を破って侵攻したソ連が不法に占拠した択捉島・国後島・色丹島・歯舞群島の総称。現在もロシアが不法占拠を続けている。
> 竹島…国際法に違反した李承晩ライン（1952年）によって, 韓国が不法占拠を続けている。
> 尖閣諸島…資源をめぐって, 中国が一方的に領有権の主張や領海への侵入を起こしている。

 うーん, 国のトップを誰にするかでもめそうだし, ご近所と領土をめぐる対立が起きるのもイヤだから, タノウチ国の話はなしにしようかな。

練 習 問 題

▶解答は P.122

1 次の問いに答えましょう。

(1) 「国家の三要素」は, 領域のほかに何がありますか。[順不同]

（　　　　　　　　　　）（　　　　　　　　　　）

(2) 領域は, 3つで構成されています。それらをすべて答えましょう。[順不同]

（　　　　　　）（　　　　　　　　）（　　　　　　）

2 次の（　　　）にあてはまる語句を答えましょう。

(1) 国際法のうち, 長年守られてきたしきたりが法となったものを（　　　　　　）といいます。

(2) 国際法のうち, 2つかそれ以上の国どうしが文書によって合意した内容が法となったものを（　　　　　　）といいます。

国際連合

 歴史の勉強で，第一次世界大戦の後にできたのが**国際連盟**，第二次世界大戦の後にできたのが**国際連合（国連）**と習ったよな。なんで国際連盟のままやったらあかんかったん？

 国際連盟は大国アメリカの不参加，全会一致制によるまとまりにくさ，武力制裁が不可能などの欠点が多かったからな。その結果，第二次世界大戦が起こるのを防ぐことができなかったので，アメリカの主導で国際平和のための組織を新しく立ち上げる必要があったんだ。

 そんなわけで，1945年にアメリカのニューヨークに本部を置く国際連合が発足したよ。最初の加盟国は 51 か国だったけど，植民地支配から独立した国などが加盟して，2023年2月現在で193か国まで増えたね。

 国連っていろんな機関があるけどさ，特に重要なのはどれ？

 どれも重要なんだが，仕組みまでおさえておいた方がいいのは**総会と安全保障理事会（安保理）**だろうな。

 よし，じゃあまず，総会って何なんだ？

工 POINT

国際連合の加盟国の推移

1945	22	14 9	51	アフリカ 4		2
1960	22	26	23	26	99	オセアニア 2 アジア
1992	9	35	45	38	52	179
2022年	14	35	51	39	54	193

南北アメリカ　ヨーロッパ・旧ソ連

0　　50　　100　　150　　200か国

 総会は毎年9月にニューヨークで開かれ，すべての加盟国が参加してさまざまな問題を話し合う全体会議だよ。決議を行う場合は，主権平等 の原則に従って1国が1票を投じる多数決で決めるけど，**拘束力はない**から従う義務はないんだよ。

 へえ，そーかい。次は安保理について教えてくれ！

 くっ，下手なダジャレもかえって爽快だな。まあ，安全保障理事会という名前の通り，世界の平和と安全を守る機関だ。だから，国連の中でも最強の権限を与えられていて，国連の**加盟国は安保理の決議に従う義務を負っている**んだ。安保理の決議には**拘束力がある**ということだな。

 安保理ってえらい重要な機関なんやな。どんな国が安保理の決議に参加してるん？

 アメリカ・イギリス・フランス・ロシア・中国の常任理事国5か国と，総会で選ばれる任期2年の**非常任理事国10か国**だ。ちなみに常任理事国はすべて核兵器の保有国だぞ。

 安保理の決議には15か国中，9か国以上の賛成が必要なのだけれど，注意しておきたいのは「**大国一致の原則**」に従っているということだね。**安保理で重要問題の決議を行う場合は，常任理事国が1か国でも反対すると成立しなくなる**んだ。この権限は拒否権と呼ばれているよ。

✓ 国連の最大の役割は，世界の平和と安全の維持であり，そのために安全保障理事会には強い権限が与えられている。

✓ 国連の総会は年1回の開催だが，必要に応じて特別総会が開かれる。

 常任理事国が5か国とも足並みをそろえないと決議できないってことか。

 国連は集団安全保障体制をとっていて，平和を乱した国に対して，安保理の決議をもとに経済制裁や軍事制裁を行うことができるから，常任理事国である五大国がまとまる必要があるんだ。また，紛争地域では停戦監視や選挙監視などの平和維持活動（PKO）も行っているぞ。

 日本もPKOに参加していて，世界各地に自衛隊などが派遣されているね。

 国連には，総会や安保理以外にも，次のような主要機関があるよ。

> 経済社会理事会…国際通貨基金（IMF）や国連教育科学文化機関（UNESCO）などの専門機関とともに経済，社会，文化といった各方面での国際協力を推進する。
> 信託統治理事会…国連の監督下で統治される地域を管理する。現在は活動停止中。
> 国際司法裁判所…オランダのハーグに置かれ，国際法に基づいて国家間の紛争を裁く。
> 事務局…国連の運営に関する事務を扱う。トップは事務総長と呼ばれる。

 それと，国連では重要な条約などを定めることも多いんだ。世界人権宣言や国際人権規約なんかがそうだし，近年では持続可能な開発目標すなわち SDGs も採択されたな。

 国連っていろいろ活動しているけど，そんな活動資金はどこから出てくるん？

 加盟国からだ。2023年2月現在，日本は加盟国の中で3番目に多い国連分担金を支払っているぞ。

練 習 問 題

▶解答は P.122

1 次の（　　　　）にあてはまる語句を答えましょう。

⑴ 毎年9月に開かれ，すべての加盟国が参加して討議や議決などを行う国連の全体会議を（　　　　　　　）といいます。

⑵ 安全保障理事会では，常任理事国のみに（　　　　　　　）が認められています。

2 次の問いに答えましょう。

⑴ 国際連合が紛争地域に停戦監視団や選挙監視団などを派遣して，紛争後の平和を守る活動を何といいますか。　　　　　　　　　　　　　　　　（　　　　　　　　　　　）

⑵ 国連は，安保理の決定に基づき平和を乱した国に対して，経済的・軍事的な制裁を加えることができます。この考え方を何といいますか。　　　　　　　（　　　　　　　　　　　）

地域主義と経済格差

 こないだ校内で人間観察をしたんだ。そしたらいろんなグループがあることがわかったぜ。

 確かに。同じ地域に住んでいる者どうしが仲良くなる傾向ってある気がするな。

 地域主義(リージョナリズム)の話をしているのかな？

 へえ，同じ町に住んでいるだけでそんな大層な名前のグループになるんだね。

 え？　**一定の地域にある国々がまとまって協力関係を築くことを地域主義**っていうんだよ。

 アハハ，2人のスケールが違いすぎて笑うわ。ほんで，地域主義ってどんなもんがあるん？

 代表的なのは**ヨーロッパ連合(EU)**かな。地域主義では，ヨーロッパとかアフリカなど**特定の地域に共通する課題を解決するために**組織や団体をつくることが多いんだ。

 EUは加盟国27か国の間で，国境を越える移動を自由にしたり関税を廃止したりしているね。また，加盟国の大部分が共通通貨の**ユーロ**を導入したよ。

 さらにEUは経済だけじゃなくて政治や外交の統合も目指しているんだが，この動きに対して，イギリスは国民投票を行って2020年にEUを離脱したんだ(ブレグジット)。

 日本もエイペックなどの地域主義に参加しているよ。

 エイペック？　なんか音楽関係の団体みたいな名前やな。

 アジア太平洋経済協力会議の略称を**APEC**（エイペック）っていうんだよ。1989年にオーストラリアがやろうって言い出して，アジア・太平洋地域にある21か国・地域が集まったんだ。他にも，日本は中国，韓国とともに**東南アジア諸国連合(ASEAN)**（アセアン）との連携も強めているよ。ASEANと東アジア諸国との会議はASEAN＋3と呼ばれることもあるね。

 他にも，お昼にお弁当のおかずを交換し合っているグループとか，コンビニのパンのシールを集めているグループとかな。ああいうのは，お小遣いの経済格差からきているのかもなあ。

 まだ言ってる……そうそう経済格差といえば，**モノカルチャー経済**からぬけ出せないなどで貧しい**発展途上国**(開発途上国・途上国)と，産業が発展して豊かな**先進工業国**(先進国)との間に大きな経済格差があることを南北問題というんだぞ。

POINT

東南アジア諸国連合
東南アジアの10か国が経済や安全保障で協力を進めている。

POINT

モノカルチャー経済
一国の経済が限られた農産物や鉱産資源の輸出に依存していること。

発展途上国は地球の南側に多く，先進工業国は地球の北側に多いからね。ちなみに，発展途上国が経済成長をなしとげると新興国と呼ばれるんだよ。

新興工業経済地域（NIES）…1980年代までに工業化が急速に進んだ中南米・東南アジア諸国のこと。
BRICS…2000年代に急速な経済成長をとげたブラジル・ロシア・インド・中国・南アフリカ共和国のこと。BRICSの名称はこれら5か国の国名の頭文字をつなげたもの。
アフリカ連合（AU）…2002年発足。加盟国55か国がEUのような市場統合などを目指す。

 それだったら，なかなか経済成長ができない発展途上国はどう呼ばれるの？

 後発開発途上国（LDC）と呼ばれている。後発開発途上国はサハラ砂漠より南のアフリカなどに多いが，貧困や飢餓などの問題が一層深刻になっているんだ。このように発展途上国の間でも経済格差が広がっていることを 南南問題 というぞ。

 いろんな場所に格差はあるんやなあ……。そういや，洸はなんで人間観察なんかやってたん？

 何回も忘れ物をした罰で，先生に「教室の後ろで立ってなさい！」って言われたからでしょ。

 ああ，授業中に一人でポツンと立っていたのは洸だったのか。

 そうだよ，オレはどのグループにも属さない一匹オオカミなのさ（泣）。

練 習 問 題

▶解答は P.122

1 次の地域主義に基づく組織の略称をそれぞれアルファベットで答えましょう。

(1) アジア太平洋経済協力会議 　　　　　　　　（　　　　　　　　）

(2) 東南アジア諸国連合 　　　　　　　　（　　　　　　　　）

(3) ヨーロッパ連合 　　　　　　　　（　　　　　　　　）

2 次の（　　　）にあてはまる語句を答えましょう。

(1) 発展途上国の多くは，（　　　　　　　　　）という，特定の農産物や鉱産資源の輸出に依存する経済構造のために貧しさからの脱出が難しくなっています。

(2) 発展途上国のうち，工業化を進めたり自国の資源を有効に活用したりして経済成長をなしとげた国を（　　　　　　　）といいます。

「地球環境問題」にはさまざまな問題があるけど，今回は**地球温暖化**をやっていこう。

 地球温暖化は，**地球全体の気温が上がっていく**という問題なんだ。

 地球の気温が暖かくなったら陽気でええやんか～～～。

 逆だな。干ばつや洪水などの自然災害が起こりやすくなって多くの被害が出てしまうんだぞ。さらに南極や北極の氷が解けて水になることで海面が上昇すると，海抜の低い島国や沿岸部の低地が水没して，そこはもう人間が住めなくなるかもしれない。

 なんで地球温暖化が起こるの？

 地球温暖化の原因は 温室効果 ガスだよ。要するに，大気中に二酸化炭素（CO_2）などの気体が増えて，地表の熱が宇宙に放出されにくくなるんだよね。そうなると，地表が暖められてしまって地球温暖化につながるんだよ。

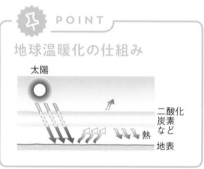

POINT

地球温暖化の仕組み

太陽

二酸化炭素など

熱

地表

 なるほど，二酸化炭素ってのが増えたことが悪いのか。誰が二酸化炭素を増やしてるんだ？

POINT

化石燃料

石炭，石油，天然ガスなど地中に埋まった動植物が長い年月をかけて変化してできた燃料。

 二酸化炭素の排出量が増えた最大の原因は**化石燃料**の燃焼だよ。自動車の排気ガス，火力発電所や工場の排煙とかだね。

 地球温暖化は規模が大きいから，1か国だけじゃ対応するのが難しいということで国際協力が進められている。たとえば，1992年にブラジルの リオデジャネイロ で開かれた**国連環境開発会議（地球サミット）**では気候変動枠組条約が採択されたんだ。

 この気候変動枠組条約には，日本も大きく関わったよ。1997年，気候変動枠組条約第3回締約国会議（COP3，京都会議）が開かれ，**京都議定書**を採択したんだ。

 この京都議定書の最大のポイントは，**先進工業国に初めて温室効果ガスの排出量の削減を義務づけた**ということだ！

 おお，すごいやん。しかも京都で決まったなんて，関西の出身者として鼻高々やで～。ほんで，結果はどうなったん？

 まあ，右上のグラフの通りだ。

✓ 地球環境問題とは，規模が大きいため国際社会の協力によって解決を目指すことが
必要な環境問題の総称である。

✓ 各国の利害対立のため，地球環境問題への取り組みが難しいことがある。

 あれ，世界全体の二酸化炭素の排出量が増えているよ。

 先進工業国の排出量は減ってるのに発展途上国は増えてないか？

 そうなんだよね。新興国の経済活動が盛んになったから，発展途上国全体の二酸化炭素の排出量が大きく増えたんだよ。だから先進工業国側は「**発展途上国も二酸化炭素の排出量を削減しなければならない**」と要求したけど，発展途上国側にすごく反発されたんだ。

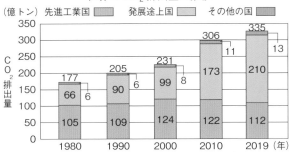

世界の CO_2 排出量の推移

(注) OECD加盟国を先進工業国，OECD非加盟国を発展途上国としている
(出典：日本エネルギー経済研究所「エネルギー・経済統計要覧2022」)

 発展途上国側は「**地球温暖化は20世紀までに多くの二酸化炭素を排出した先進工業国の責任であり，発展途上国には工業化を進めて豊かになる権利がある**」と主張したんだ。

 いろいろ話し合った結果，2015年にパリ協定を採択して，先進工業国と発展途上国がともに温室効果ガスの削減目標を立てることになったんだよ。でも，目標の達成は義務づけられていないんだ。そこが京都議定書との大きな違いだね。

 その辺りが，先進工業国と発展途上国の両方が納得できるような落とし所だったんだね……。

練 習 問 題

▶解答は P.122

1 次の（　　　）にあてはまる語句を答えましょう。

(1) 大気中の温室効果ガスの増加によって，地球全体の気温が上昇していく問題を
（　　　　　　　　　）といいます。

(2) 二酸化炭素は，石炭，石油，天然ガスなどの（　　　　　　　　　）を燃焼させることによって大量に排出されています。

2 次の問いに答えましょう。

(1) 1992年にブラジルで開かれた国連環境開発会議には，各国の首脳が参加したため，何と呼ばれていますか。　　　　　　　　（　　　　　　　　　）

(2) 2015年に何が採択されて，先進工業国と発展途上国がともに温室効果ガスの削減目標を設定することになりましたか。　　　　　　（　　　　　　　　　）

資源・エネルギー問題

前回の地球環境問題で出てきた化石燃料のことだけど, 日本で使われている石炭・石油・天然ガスのうち, どれくらいの割合が国産だと思う?

日本は資源が少ない国って言われてるから, 2割くらいじゃないか?

残念, もっと少ないよ。石炭が0.4%, 石油が0.3%, 天然ガスが2.3%なんだ（2019年）。

マジか, 1割もないのかよ!

右のグラフのように, **エネルギー資源は地域的なかたよりがある**からだな。

石炭はアジア・オセアニアの割合が大きいけど, 実際は中国・インド・オーストラリアの3か国がほとんどなんだよ。

だから, 日本は 貿易 によってエネルギー資源が豊かな国から多輸入しているんだろうね。

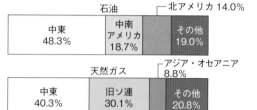

世界各地域のおもな資源の合計確認埋蔵量

石炭

| アジア・オセアニア 42.8% | 北アメリカ 23.9% | 旧ソ連 17.8% | その他 15.5% |

石油　　　　　　　　　　　　　　　　　　北アメリカ 14.0%

| 中東 48.3% | 中南アメリカ 18.7% | | その他 19.0% |

天然ガス　　　　　　　　　　　アジア・オセアニア 8.8%

| 中東 40.3% | 旧ソ連 30.1% | | その他 20.8% |

（出典: BP「Statistical Review of World Energy 2021」）

どこに資源が埋まっているかなんて運任せやし, こればかりは仕方ないわな。あーあ, 未知の新しいエネルギー資源が見つかった〜ってことが起きたらええのになあ。

未知じゃないけど, 技術の進歩で開発が進んだエネルギー資源はあるぞ。

> **シェールガス**…地中の頁岩(けつがん)に含まれる天然ガス。頁岩は薄くてはがれやすいので採掘が困難だった。シェールオイルという石油が採れることもある。
> **メタンハイドレート**…日本近海の海底などに分布する“燃える氷”。これに含まれるメタンは天然ガスの主成分なので, 代替エネルギーとして期待される。

海底にある資源の開発が進んだら日本もエネルギー資源大国になれるんちゃう!?　そうなったら輸出でウハウハやで〜。あ, でも日本はどこでエネルギー資源を多く使ってるんやろ?

産業や運輸だね。家庭の方でも, 1970年代から消費量がかなり増えているよ。

日本の経済成長とともに, 家庭に電化製品が普及するようになったからな。

ああ, 家庭で電力を多く使うようになったのが原因なんだね。

そういうことだ。じゃ, 次は日本の電力がどのようにつくられてきたかを見て。右上のグラフに注目!

☑ 世界全体でのエネルギー消費量は増加を続けているが, 石炭・石油・天然ガスなどの化石燃料は, 採掘できる年数が限られている。

☑ 再生可能エネルギーはさまざまな課題があるので普及が進んでいない。

 ずーっと 火力 発電が中心なんだな。

 原子力発電の割合も増えていたけど, 2020年はほぼゼロになってるわ。

 これは東日本大震災の影響だろうね。このときの津波で福島県にある原子力発電所が事故を起こして, 放射性物質を放出してしまったから, 各地の原子力発電所がストップしたって聞いたよ。

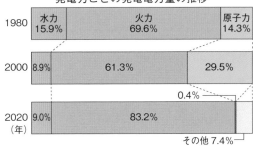

発電力ごとの発電電力量の推移

	水力	火力	原子力
1980	15.9%	69.6%	14.3%
2000	8.9%	61.3%	29.5%
2020 (年)	9.0%	83.2%	0.4%

その他 7.4%

（出典：「日本国勢図会2022/23」）

 2020年は「その他」の割合が大きくなっているぞ。どんな発電方法が含まれているんだ？

 再生可能エネルギーによる発電方法だよ。**化石燃料のように使い切る心配がなく, 二酸化炭素や廃棄物を出す問題も起こさない**んだ。

 POINT

再生可能エネルギー
太陽光・風力・地熱・波力・バイオマス（生物資源）など自然の働きで供給されるため, くり返し利用できるエネルギー。

 何それ, まさに理想的なエネルギーだね！

 でも再生可能エネルギーにも, **発電所の建設に多くの費用が必要, 電力の供給が不安定**というように多くの課題をかかえているんだ。

練 習 問 題

▶解答は P.123

1 次の問いに答えましょう。

(1) アメリカの近海などで採掘が盛んな, 地中の頁岩に含まれる天然ガスを何といいますか。

（　　　　　　　　　　）

(2) 日本近海の海底などに分布する"燃える氷"は, メタンを含むことから何と呼ばれていますか。

（　　　　　　　　　　）

2 次の（　　　　）にあてはまる語句を答えましょう。

(1) 2011年に起こった（　　　　　　　　）にともなう津波で発電所の事故が発生したため, 原子力発電の見直しが行われました。

(2) いずれは枯渇する化石燃料に対して, 自然の働きで供給されるために枯渇の心配がないエネルギーをまとめて（　　　　　　　　　　）といいます。

貧困問題

 最近，いろんなお店で「食品ロス」って言葉をよう聞くわ。「食品ロス」って何のことやろ？

 食べられるはずの食料を捨ててしまうことだよ。この前スーパーでもらったパンフレットによると，日本では年間1人当たりの「食品ロス」がおよそ41kgもあるんだって（2020年）。

 ええ，ウチの体重よりも多いやん！

 そうだとしたら六花の体重軽すぎないか……？ともかく，日本のような先進工業国で多くの食料がムダになっている一方で，発展途上国は飢餓（きが）に直面しているのが現状なんだ。

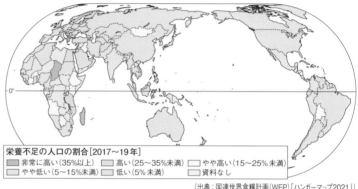

栄養不足の人口の割合 [2017〜19年]
非常に高い（35%以上）　高い（25〜35%未満）　やや高い（15〜25%未満）
やや低い（5〜15%未満）　低い（5%未満）　資料なし

（出典：国連世界食糧計画（WEP）「ハンガーマップ2021」）

 食料が足りないため，栄養不足が続いて生命が危ない状態を飢餓というんだ。右上の地図は，栄養不足の人口の割合を国ごとに表したものだよ。

 栄養不足の人口の割合が高い国は アフリカ 州が一番多いんだな。

 アジア州や南アメリカ州にも，栄養不足の人口の割合が高い国があるんやね。

 20世紀後半から「人口爆発」と呼ばれるほど世界の人口が急増して現在は80億人以上って地理でも習ったけど，それで食料の生産が追いつかないの？

POINT

世界の人口の推移

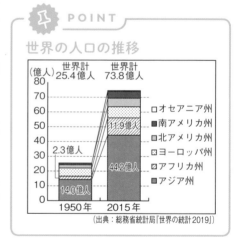

（出典：総務省統計局『世界の統計2019』）

 いや，世界全体から見れば食料の生産は十分に足りているんだぞ。ところが，「**食料配分のかたより**」のため，先進工業国で飽食や「食品ロス」，発展途上国で飢餓という状況が起こっているんだ。

 一番の問題は発展途上国の人々が貧困に直面していることだろうね。さっき田乃内くんが「人口爆発」って言ったけど，**発展途上国の人口が増えるペースが速すぎて経済の発展が追いついていない**んだよ。だから産業の発達が立ちおくれていて食料が不足しがちなんだ。国にお金がないので，外国から食料を買うことも難しいし……。

 なるほどなあ。それってどういう状態だったら貧困になるんだ？

✓ 貧困による食料配分のかたよりによって, 発展途上国では飢餓状態の人々が7人に1人存在している。また食料だけでなく水資源の不足も課題。
✓ SDGsでは貧困・飢餓をなくすための目標を設けている。

 国際復興開発銀行(世界銀行, IBRD)では「1日の生活に使える金額が1.9ドル未満」だったら貧困であると定義しているぞ。仮に1ドル=120円だとすると, 1.9ドル=228円未満の金額が1日の生活に使えるお金ということだ。

 それは生活できひんで……。発展途上国の人々が貧困から抜け出すにはどうしたらええんや?

 国連が定めた 持続可能な開発目標 , 要するにSDGsのことだね。これに「貧困をなくそう」や「飢餓をゼロに」という目標が含まれているよ。

 他に「質の高い教育をみんなに」「人や国の不平等をなくそう」という目標もあるぞ。**発展途上国への支援とともに, 人々の自立を支えるような取り組みも必要**というわけだ。教育によって子どもや女性の識字率が上がれば, いろいろな知識を学ぶことができる。また, 発展途上国の人々が事業を始めたり, 適正な収入を得られたりするような試みも行われているんだ。

> **マイクロクレジット**…少額融資。貧困にある人へ少額の資金を無担保で貸し出して, 事業を始める手助けをすること。女性にも多く利用されている。
> **フェアトレード**…公正貿易。先進工業国が, 発展途上国でつくられた商品を公正価格で取り引きするようにして, 生産者の生活や事業を支援すること。

 ぼくたちが発展途上国の人たちのためにできることはあるのかな?

それだったら, 右のラベルがついている商品を買うようにしたらいいよ。これはフェアトレードで輸入されたことを証明しているんだ。

国際フェアトレード認証ラベル

練 習 問 題

▶解答は P.123

1 次の(　　　)にあてはまる語句を答えましょう。

(1) (　　　　　　　)とは, 食料の不足によって栄養が足りないため, 生命が危険な状態となることです。

(2) 国際復興開発銀行の定義では, 1日の生活に使うことができる金額が1.9ドル未満ならば, その人は(　　　　　　)の状態といえます。

(3) 発展途上国の商品を不当に安く買うことなく, その生産活動に見合うような公正な価格で貿易することを(　　　　　　　　)といいます。

(4) 発展途上国の人々が新しく事業を始められるように, 少額の資金を担保なしで貸し出すことを(　　　　　　　　)といいます。

新しい戦争と難民

 今回のテーマだけど，戦争に「新しい」とか「古い」とかがあるの？

 これは1989年の東西冷戦の終結を目安にした分け方なんだ。冷戦終結前は国どうしの戦争が多かったが，冷戦後に地域紛争やテロリズム（テロ）が増えたので，そちらを「新しい戦争」と呼ぶようになったわけだ。

> 地域紛争…１か国の国内，または周辺の国を巻き込んで起こる戦争。民族対立や宗教対立など原因はさまざまであり，武力をともなう民主化運動や革命も含まれる。
>
> テロリズム（テロ）…武装した集団が一般の人々を無差別攻撃したり，建造物を破壊したりする行為。暴力によって社会を不安に 陥 れることで要求を通すことが目的。

 なんで冷戦が終わったら急に変わったん？

 歴史でも学んだ通り，**アメリカとソ連という超大国が戦火を交えずに対立していたことを冷戦**というんだけど，その一方でアメリカとソ連はそれぞれ東西陣営の秩序を保っていたんだよ。

 ということは，デカい国が保っていた秩序が弱まったことが原因なのか？

 そうなるな。1991年には東側陣営のソ連が解体してロシアなどが独立し，ユーゴスラビアでは紛争が起こって７つの国に分裂した。どちらも冷戦終結後すぐに起こったことだぞ。

 2001年には**アメリカ同時多発テロ**も発生したんだよ。

 そのようすはテレビの特集で見たことがあるよ。9月11日にニューヨークの高層ビルに飛行機が突入したんだよね？

 イスラム勢力の国際テロ組織によってハイジャックされた飛行機がね。世界中で同時中継されていたみたいだから，多くの人々がテロリズムの恐ろしさを実感したと思うよ。

POINT

アメリカ同時多発テロ

 しかし，地域紛争やテロリズムが起こった場所で生活なんてできないだろ？　そこに住んでいた人は逃げるしかないのか？

 絶対そうやと思うわ。安全に生きていかれへんやん……。

 戦争や政治的な迫害などで住んでいる場所をうばわれた人たちを難民というんだ。国連は難民の保護にも力を入れていて，国連難民高等弁務官事務所（UNHCR）による支援や，難民の地位に関する条約（難民条約）を定めている。他にも多くの 非政府組織 （NGO）や 非営利組織 （NPO）がそれぞれの活動内容に合わせたサポートを行っているぞ。

右のグラフは，地域別に難民の人数をまとめたものだよ。

 これは2021年のデータで，西アジアやアフリカが多くなっているけど，2022年のロシアによるウクライナ侵攻で何百万人もの難民が出たから，このグラフにヨーロッパも入ってくるだろうな。

地域別の難民の人数
（単位：万人）　　　　　　　　（2021年末現在）

西アジア	956
アフリカ	612
南アメリカ	461
東南アジア	118

（出典：UNHCR「GLOBAL TRENDS 2021」）

 戦争や地域紛争がなくなることが難民問題の解決につながるなら武器を捨てるのはどうだ？

 実際，軍縮によって，一度に多くの人間の命をうばう大量破壊兵器を廃絶させる努力を各国が行っているよ。とはいえ，核兵器を保有している国も多いね。右の表は，2022年の核兵器保有の状況だね。

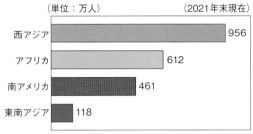

国名	核兵器保有数
ロシア	5977
アメリカ	5428
中国	350
フランス	290
イギリス	225
パキスタン	165
インド	160
イスラエル	90
北朝鮮	20

（出典：ストックホルム国際平和研究所「SIPRI Yearbook 2022」）

 ◯◯◯◯◯の5か国は国連の安全保障理事会の 常任理事国 だ。1968年に結ばれた**核拡散防止条約（NPT）**では，この5か国のみに核兵器の保有を認めたんだ。

 でも，この表のように核兵器の保有国が増えてしまったんだよ。生物兵器や化学兵器を禁止する条約には世界のほとんどの国が参加しているけど，核兵器も同じようになるといいな。

練 習 問 題

▶解答は P.123

1 次の（　　　）にあてはまる語句を答えましょう。

(1) 「新しい戦争」のうち，武装集団が無差別攻撃を行ったり建造物を破壊したりすることを（　　　　　　　　　　）といいます。

(2) 「新しい戦争」のうち，1か国の国内，または周辺の国を巻き込んで起こる戦争を（　　　　　　　　　　）といいます。

(3) 戦争や地域紛争，政治的な迫害などのために住んでいた場所を離れて，別の土地で避難生活を送る人たちを（　　　　　　　　）といいます。

(4) （　　　　　　　　　　　　　　）は(1)の保護や支援を行うために設立された国際連合の機関です。

📖 勉強した日　　月　　日

世界の中の日本

さあ、最後は「世界の中の日本」をやるぞ。ここまで学んできた国際社会の中で日本がどのような立場なのかをおさえて、俺たち一人ひとりについても考えていこう！

まずは戦争についての立場だね。第二次世界大戦後、日本は外交の方針として、**平和主義と国際貢献**を重視してきたんだ。平和主義を日本国憲法の原則に取り入れて、また世界で唯一の被爆国として、**核兵器を「持たず、作らず、持ちこませず」**という非核三原則も掲げているよ。

国際貢献では、国連の平和維持活動（PKO）への参加や、発展途上国への資金援助・技術協力・人材育成などの**政府開発援助（ODA）**を行っているぞ。また、日本の国際協力機構（JICA）による 青年海外協力隊 の派遣は「顔の見える国際協力」として評価されている。

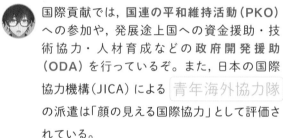

🔧 POINT
ODA 支出総額上位 5 か国
ODA 支出総額上位 5 か国の支出先地域の割合

	アジア	中東・アフリカ	中南アメリカ	その他
アメリカ	7.8	49.8	7.1	35.3
ドイツ	15.7	41.9	7.6	34.8
日本	61.1	20.9	2.8	15.2
イギリス	11.9	41.8	2.4	43.9
フランス	16.3	46.5	9.9	27.3

（2019年）　　　　（出典：2020年版「開発協力参考資料集」）

右のグラフを見て気づいたけど、日本ってアジアへのODA支出が多いんだな。

日本もアジア州にある国だし、そこが他の4か国との違いだね。日本はアジア諸国を中心にODAを行いながら、発展途上国が経済的に自立できるような手助けも行ってきたんだよ。

アジアといえば、東南アジアから来てるっぽい観光客も見かけるわ。頭にスカーフを巻いてる女性もおるけど、そういうファッションなんかな？

その女性はインドネシアから来たのかもしれないな。インドネシアで広く信仰されているイスラム教では、女性は頭をスカーフでおおう決まりになっているんだ。

そういう文化の**多様性**はできる限り尊重するようにしたいね。日本だって、外国の人たちから見れば独特の文化を守っている一面があるし。

この前、家族旅行で厳島神社（広島県）に行ったんだけど、そこでも外国人の観光客が多かったよ。海の中にある鳥居なんて日本でしか見られない風景だから**世界遺産**に登録されたのかな。

そもそも 国連教育科学文化機関（UNESCO） が**世界遺産条約**を採択したのは、世界各地の貴重な文化財や自然を保護して文化の多様性を守るためだぞ。

でも、アフガニスタンのバーミヤンの石仏のように壊されてしまった世界遺産もあるんだよ。この石仏破壊は、異なる宗教への理解が不足していたイスラム教政権によるものだったの。

☑ 現在の日本は平和主義と国際貢献を中心として，外交政策を行っている。
☑ グローバル化が進む中で，文化の多様性を受け入れて異文化理解に努めようとする
　姿勢が国際問題を解決するために不可欠となっている。

 平和主義やから戦力を持たない日本は，どういう立場を取っているんやろ？

 とりあえず「自衛のための必要最小限度の実力」としての 自衛隊 はあるよね。

 それと，政府は外交政策として国連中心主義を採るとともに，アメリカとの同盟関係を重んじているぞ。ほら，**日米安全保障条約（日米安保条約）** を覚えているか？　さらに日本はアメリカと日米防衛協力のための指針（ガイドライン）を定めて同盟関係を強化しているし，近年はインドやオーストラリアなどとの協力も進めているな。

 いろいろやってるんやな〜。国の平和のほかにも，ウチら一人ひとりにも気をつけてくれたらもっと安心できるんちゃうかな。日本人が拉致される事件も起こってるし。

 国際社会では「**国家の安全保障**」だけでなく，「**人間の安全保障**」も実現しようという考えが広まっているんだよ。個人の平和や安全が守られた上で，民族や文化の違いを認め合いながら，世界の人々が持続可能な社会の実現に向けて協力できたらいいね。

 POINT

人間の安全保障

「人間の安全保障とは，人間一人ひとりに着目し，生存・生活・尊厳に対する広範かつ深刻な脅威から人々を守り，それぞれの持つ豊かな可能性を実現するために，保護と能力強化を通じて持続可能な個人の自立と社会づくりを促す考え方です。」
（外務省ホームページより）

練 習 問 題

▶解答は P.123

1 次の（　　　）にあてはまる語句を答えましょう。

(1) 国際貢献を重視する日本は，アジアなどの発展途上国に対してさまざまな形で開発を支援する（　　　　　　　　　　）を行っています。

(2) 民族，宗教，文化などの多様性を尊重して（　　　　　　　　）を進めることは，平和で持続可能な社会を築くことにつながります。

2 次の問いに答えましょう。

(1) 平和主義を採る日本が，唯一の被爆国という立場から核兵器の廃絶を目指して何という原則を掲げていますか。　　　　　　　　　　（　　　　　　　　　　　）

(2) 国だけではなく，世界のあらゆる人間一人ひとりの生命や人権を大切にしようとする考え方を何といいますか。　　　　　　　　　（　　　　　　　　　　　）

▶解答は P.124

勉強した日　　　月　　　日	得点

まとめのテスト

/100点

1 A～Cの図を見て，次の問いに答えましょう。　　5点×11（55点）

(1) 国家の領域について，**A**の図中の①・②にあてはまる語句を答えなさい。

①（　　　　　　）　②（　　　　　　）

(2) 排他的経済水域の範囲として正しいものを，**A**の図中の**ア**～**エ**から選びなさい。

（　　　　　　）

A

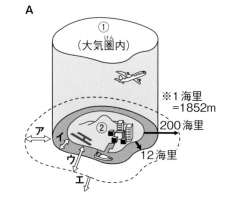

※1 海里
=1852m

200 海里

12 海里

(3) **B**は国際連合の組織図です。**B**の図中の**W**～**Z**にあてはまる組織の説明を，次の**ア**～**エ**からそれぞれ選びなさい。

ア すべての加盟国で構成される。

イ 5か国が拒否権を持つ。

ウ 国際法に基づいて国家間の紛争を裁く。

エ 現在は活動を停止している。

W（　　　　）　X（　　　　）
Y（　　　　）　Z（　　　　）

B

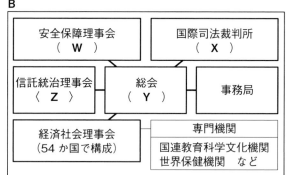

(4) **C**の図について，図中の①・②の経済格差の問題をそれぞれ何といいますか。

①（　　　　　　）　②（　　　　　　）

(5) **C**の図中の下線部のBRICSに含まれない国を，次の**ア**～**エ**から2つ選びなさい。

［順不同］

ア 中国　**イ** インド

ウ 韓国　**エ** シンガポール

（　　　　）（　　　　）

C

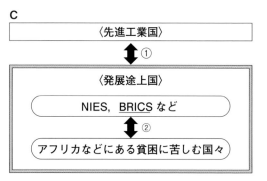

2 右の年表を見て，次の問いに答えましょう。　　　　　　　　　　5点×5（25点）

年代	おもなできごと
1968	核拡散防止条約（NPT）が結ばれる……A
1989	◯X◯ の終結宣言が行われる
1997	京都議定書が採択される ……………B
2001	◯Y◯
2011	東日本大震災が起こる ………………C

(1) 年表中の**A**によって核兵器の保有が認められた国を，次の**ア～エ**から選びなさい。

　　ア 中国　　　**イ** インド

　　ウ 北朝鮮　　**エ** パキスタン

　　　　　　　　　　（　　　　　　）

(2) 年表中の ◯X◯ には，アメリカとソ連が戦火を交えずに対立していたことを表す言葉があてはまります。それは何という言葉ですか。

　　　　　　　　　　　　　　　　　　　　（　　　　　　）

(3) 年表中の**B**では，地球温暖化を促進する二酸化炭素などの気体の排出の削減を先進工業国に義務づけました。このような気体を何といいますか。

　　　　　　　　　　　　　　　　　　　　（　　　　　　）

(4) 年表中の ◯Y◯ にあてはまるできごとを，次の**ア～エ**から選びなさい。

　　ア パリ協定が採択される　　　**イ** アメリカ同時多発テロが起こる

　　ウ ソ連が解体する　　　　　　**エ** ユーゴスラビア紛争が始まる

　　　　　　　　　　　　　　　　　　　　（　　　　　　）

(5) 年表中の**C**の影響で見直されたのは，どの発電方法ですか。

　　　　　　　　　　　　　　　　　　（　　　　　　）発電

3 次の**A・B**の資料を見て，あとの問いに答えましょう。　　　　　5点×4（20点）

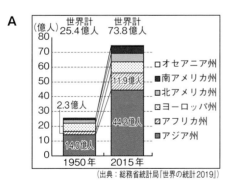

（出典：総務省統計局『世界の統計2019』）

(1) **A**は世界の人口の推移を示したグラフです。

　① このように人口が急激に増えることを何といいますか。　　　（　　　　　　）

　② 現在，世界で最も栄養不足の人口の割合が高くなっている州を，**A**のグラフ中から選びなさい。　　　　　　　　　　　　　　　　（　　　　　　）州

(2) **B**は，国連の平和維持活動に参加して，地雷を除去している自衛隊のようすです。

　① 国連の平和維持活動の略称を何といいますか。　　　　　　（　　　　　　）

　② 地雷のような兵器や兵力などの軍備の削減を何といいますか。　（　　　　　　）

01 現代社会の特色

練習問題

1 次の問いに答えましょう。

(1) 人,モノ,お金,情報などが国境を越えて移動することによって,世界が一体化に向かっていく現象を何といいますか。
（ グローバル化 ）

(2) 人口に占める子どもの割合が減って,お年寄りの割合が増えていく現象を何といいますか。
（ 少子高齢化 ）

2 次の（ ）にあてはまる語句を答えましょう。

(1) 情報を正しく利用しようとする態度を,情報（ モラル ）といいます。

(2) 情報を批判的に読み取り活用する能力を,情報（ リテラシー ）といいます。

02 伝統文化と多文化共生

練習問題

1 次の説明にあてはまる文化の領域を答えましょう。

(1) 自動車やスマートフォンのように,人間の生活を便利で快適なものにした技術の発達のこと。
（ 科学 ）

(2) 人間の精神を豊かにする音楽や絵画などのこと。
（ 芸術 ）

2 次の問いに答えましょう。

(1) 文化の違いを認め合い,互いに対等な関係を築きながら,社会の中でともに生きることを何といいますか。
（ 多文化共生 ）

(2) 日本の伝統文化を守る法律を何といいますか。
（ 文化財保護法 ）

03 多様な社会を維持するために

練習問題

1 次の（ ）にあてはまる語句を答えましょう。

(1) 人間は家族や学校,地域社会などのさまざまな（ 社会集団 ）に所属している。

(2) (1)の一員として協力し合いながら成長し,生活を豊かにすることから,人間は（ 社会的存在 ）と呼ばれる。

(3) (1)の中で対立が起こることを防ぐためには,あらかじめ話し合いによって（ 決まり（ルール） ）をつくっておく必要がある。

(4) (3)を守る責任や義務を果たすことによって,（ 権利 ）を得ることができる。

まとめのテスト

得点
/100点

1 次の問いに答えましょう。

(1) 右の資料を見て,次の文中の①,②にあてはまる語句を答えなさい。

> 右は,ヨーロッパで行われている航空機の製造のようすである。このように各国がそれぞれ担当する航空機の部品を生産することを（ ① ）という。人・モノ・お金・情報が（ ② ）を越えて移動するグローバル化によって,このような動きが世界各地で進んでいる。

●スペイン 尾翼や胴体の一部の製作
●ドイツ 胴体と主翼の一部の製作
●イギリス 主翼の製作
●フランス 操縦席などの機首や胴体の製作

①（ 国際分業 ）②（ 国境 ）

(2) 右の資料の説明として正しいものを,次の**ア～エ**から選びなさい。

	1960年度	2020年度
肉類	93%	53%
魚介類	108%	55%
果実	100%	38%

（出典:[食料需給表]）

ア 輸入の割合が増えて,食料自給率が上がった。

イ 輸入の割合が増えて,食料自給率が下がった。

ウ 輸入の割合が減って,食料自給率が上がった。

エ 輸入の割合が減って,食料自給率が下がった。

（ イ ）

2 右の資料を見て,次の問いに答えましょう。

(1) 右側の人物は,スマートフォンを機械にかざすことで支払いをしています。この人物は現金の代わりに,何を支払いの手段に使っていますか。

（　電子マネー　）

(2) (1)を支えている情報通信技術の略称をアルファベットで答えなさい。　　　　　　　　　　　（　ICT　）

(3) スマートフォンでインターネットにつなげば，さまざまな情報を入手できます。多くの情報の中から，内容が正確なものを選び取って，活用する能力を何といいますか。　　（　情報リテラシー　）

3 次の問いに答えましょう。

(1) 右のグラフは，日本の人口の構成の変化と将来推計を示しています。

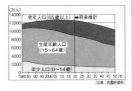

① 年少人口が減っている原因として，女性が一生のうちに生む子どもの人数の平均が少ないことが挙げられます。この平均を何といいますか。

（　合計特殊出生率　）

② 老年人口が増えている原因として，医療の進歩などによって何が延びていることが挙げられますか。　（　平均寿命　）

③ このグラフでは，2020年頃から2050年にかけて，日本の総人口はおよそ何万人減少すると推計されていますか。

約（　2000　）万人

(2) 近年，親子や夫婦だけで構成される家族の形態が増えています。この家族の形態を何といいますか。　（　核家族世帯　）

4 次のA〜Cの資料を見て，あとの問いに答えましょう。

A　　　　　　　B　　　　　　　C

(1) Aは初詣をしている女性です。

① 神仏のような人間を超えた存在に祈る初詣は，何という文化の領域にあたりますか。

② 初詣は1月1日に行うことが多いですが，毎年決まった時期に行われる行事や儀式を何といいますか。

①（　宗教　）　②（　年中行事　）

(2) Bは，沖縄県に伝わるエイサーという祭りに参加する人たちです。このエイサーを含む，日本の南方の伝統文化を何といいますか。

（　琉球文化　）

(3) Cは，決まり（ルール）がつくられる過程を示しています。①〜③にあてはまる語句を，次のア〜エからそれぞれ選びなさい。

ア 合意　イ 義務　ウ 効率　エ 対立

①（　エ　）　②（　ア　）　③（　ウ　）

人権の歴史と憲法

練習問題

1 次の（　　　）にあてはまる語句を，下から選びましょう。

(1) （　ワイマール憲法　）は，世界で最初に社会権を保障した憲法です。

(2) 国際連合は1966年に（　国際人権規約　）を採択しました。

〔　日本国憲法　ワイマール憲法　国際人権規約　世界人権宣言　〕

2 次の問いに答えましょう。

(1) 憲法を制定して国家の権力を制限することによって，権力の濫用を防いで人権を保障する考えを何といいますか。

（　立憲主義　）

(2) 17〜18世紀の市民革命によって保障されるようになった人権を2つ答えなさい。[順不同]

（　平等権　）（　自由権　）

日本国憲法

練習問題

1 日本国憲法について，次の（　　　）にあてはまる語句を答えましょう。

(1) 天皇を日本国と日本国民統合の（　象徴　）と定めています。

(2) 基本的人権を（　永久　）不可侵の権利として保障しています。

2 次の問いに答えましょう。

(1) 主権を持つ国民の投票で過半数の賛成があれば承認され，その結果を天皇が公布するものは何ですか。

（　憲法改正　）

(2) 平和主義の日本が，自国の防衛のためにアメリカ合衆国と結んでいる条約を何といいますか。

（日米安全保障条約（日米安保条約））

06 平等権と多様性

練 習 問 題

1 次の(　　　)にあてはまる語句を答えましょう。

(1) 2019年, これまで差別されることが多かったアイヌ民族を, 北海道の先住民族として認める(アイヌ民族支援法 (アイヌ新法))が制定された。

(2) 障がいのある人や高齢者などが生活をしていく上で障壁になるものを取り除くことを(　バリアフリー　)という。

(3) すべての人々が不自由することなく, 普通に社会生活を営めるようにする考えを(　ノーマライゼーション　)という。

(4) さまざまな違いがあることを認めて, すべての人が参加して, 互いに支え合うことを(　インクルージョン　)という。

07 自由権

練 習 問 題

1 自由権について, 次の(　　　)にあてはまる語句を答えましょう。

自由権
- (　精神の自由　)
  - ・思想・良心の自由, 信教の自由, 学問の自由など
- (　身体の自由　)
  - ・奴隷的拘束・苦役からの自由, 法定手続きの保障など
- (　経済活動の自由　)
  - ・居住・移転・職業選択の自由, 財産権の不可侵など

08 社会権

練 習 問 題

1 生存権について, 次の(　　　)にあてはまる語句を答えましょう。

日本国憲法第25条は, 「(　健康　)で(　文化的　)な(　最低限度　)の生活を営む権利」という表現で, 生存権を定めています。

2 次の問いに答えましょう。

(1) 労働者が集まって労働組合をつくる権利を何といいますか。
(　団結権　)

(2) 労働組合が労働環境の改善などを求めて, 使用者と対等な立場で交渉する権利を何といいますか。
(　団体交渉権　)

(3) 使用者との交渉が難航したとき, 労働組合がストライキなどを行って自分たちの要求の実現を求める権利を何といいますか。
(　団体行動権 (争議権)　)

09 人権を守るための権利

練 習 問 題

1 次の問いに答えましょう。

(1) 選挙権や被選挙権など, 政治に間接および直接に参加するための権利を何といいますか。
(　参政権　)

(2) (1)に含まれ, 国や地方の役所に要望や要請, 苦情を呈する権利を何といいますか。
(　請願権　)

2 次の(　　　)にあてはまる語句を答えましょう。

(1) 国や地方の公務員が行った不法行為のために損害を受けた場合, その損害についての賠償を求める権利を(国家賠償請求権)といいます。

(2) 裁判で無罪になった人が補償を求める権利を(刑事補償請求権)といいます。

練習問題

1 次の問いに答えましょう。

(1) 住居への日当たりの確保を求める権利を何といいますか。

（　　　　日照権　　　　）

(2) 自己決定権の考えに基づき,医師が患者に治療方法などを十分に説明して,患者からの同意を得ることを何といいますか。

（インフォームド・コンセント）

(3) 知る権利を保障するために国や地方が整備を進めてきた,請求があった情報を開示する制度を何といいますか。

（　　情報公開制度　　）

練習問題

1 次の（　　　　）にあてはまる語句を答えましょう。

日本国憲法第12条は,自由や権利は国民の（　不断の努力　）によって守られるものであり,（　濫用　）してはならないと定めています。また,常に（　公共の福祉　）のために利用しなければならないとも定めています。

2 次の問いに答えましょう。

(1) 日本国憲法第26条は,保護する子女に何を受けさせる義務を定めていますか。

（　　普通教育　　）

(2) 日本国憲法第27条が,国民の義務であると同時に国民に保障される権利として定めているものは何ですか。

（　　勤労　　）

---

1 次の図を見て,あとの問いに答えましょう。

人権の歴史と日本国憲法

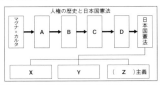

(1) 図中の**A〜D**にあてはまる語句を,次の**ア〜エ**からそれぞれ選びなさい。

ア ワイマール憲法　　**イ** アメリカ独立宣言
ウ フランス人権宣言　**エ** 権利章典

A（　エ　）**B**（　イ　）
C（　ウ　）**D**（　ア　）

(2) 日本国憲法の三大原理（基本原理）について,図中の**X〜Z**にあてはまる語句を,それぞれ答えなさい。[**X**と**Y**は順不同]

X（　国民主権　）**Y**（基本的人権の尊重）**Z**（　平和　）

2 平等権について,次の問いに答えましょう。

(1) 日本国憲法が「両性の合意のみに基いて成立し,夫婦が同等の権利を持つ」と定めているものは何ですか。

（　婚姻（結婚）　）

(2) 1999年,男女が社会の対等な構成員として,ともに社会の活動に参加し,ともに能力を発揮できる社会をつくることを目指す法律が定められました。この法律を何といいますか。

（　男女共同参画社会基本法　）

---

(3) 右は,片方の取っ手をオープンにしたり,材質を工夫したりして,手が不自由な人にも使いやすくしたはさみです。このように,すべての人は平等であるという考えに基づいて設計することを何といいますか。

（　ユニバーサルデザイン（UD）　）

3 次の問いに答えましょう。

(1) 日本国憲法が保障する自由権について,精神の自由にあてはまるものを,次の**ア〜エ**から2つ選びなさい。[順不同]

ア 信教の自由　　**イ** 奴隷的拘束・苦役からの自由
ウ 学問の自由　　**エ** 居住・移転・職業選択の自由

（　ア　）（　ウ　）

(2) 日本国憲法は財産権の不可侵を保障していますが,道路や公園などを建設する場合は,正当な補償のもとで私有財産を取り上げることを認めています。それは道路や公園の建設が社会全体の利益にかなうと考えられるからです。日本国憲法では社会全体の利益・幸福を何という言葉で表現していますか。

（　公共の福祉　）

(3) 社会権の根本になっているのは,健康で文化的な最低限度の生活を営む権利です。この権利を何といいますか。

（　生存権　）

(4) 参政権の根本になっているのは選挙権です。現在の日本では,何歳以上のすべての国民に選挙権が与えられていますか。次の**ア〜エ**から選びなさい。

ア 満15歳以上　**イ** 満16歳以上　**ウ** 満18歳以上
エ 満20歳以上

（　ウ　）

(5) 日本国憲法では,裁判を受ける権利など,自分の人権が侵害されたときに使うことのできる権利をいくつか定めています。これらの権利をまとめて何といいますか。

（　請求権　）

4 「新しい人権」について，次の図の**A～D**にあてはまる権利を，右の**ア～エ**からそれぞれ選びなさい。

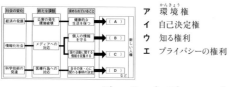

ア 環境権
イ 自己決定権
ウ 知る権利
エ プライバシーの権利

A（　ア　）　B（　エ　）
C（　ウ　）　D（　イ　）

練習問題

1 次の（　）にあてはまる語句を答えましょう。
(1) 国民が選んだ代表者が議会をつくり，物事を決める話し合いを行っていく方式を（間接民主制（議会制民主主義，代議制））といいます。
(2) (1)では話し合いがまとまらない場合，賛成者が多かった意見を採用して，最終的な決定とする（多数決の原理）が採用されています。

2 次の問いに答えましょう。
(1) 現在の衆議院で採用されている選挙制度を何といいますか。
（小選挙区比例代表並立制）
(2) 投票は有効だったが，落選した候補者や得票率の低い政党に投じられたため，意見が反映されなかった票を何といいますか。
（　死票　）

Chapter 03 Theme **13** 民主政治を支えるもの

練習問題

1 次の問いに答えましょう。
(1) 政権を担当する政党を何といいますか。
（　与党　）
(2) 政党が自分たちが実現したい政治の理念や政策などをまとめて，選挙時に発表するものは何ですか。
（政権公約（マニフェスト））

2 次の（　）にあてはまる語句を答えましょう。
(1) （　世論　）とは，社会の問題について，多くの人々が共有している意見のことです。
(2) 選挙区ごとの有権者数の差が大きいことが原因となって，一票の価値が不平等になる問題を（一票の格差）といいます。

Chapter 03 Theme **14** 立法

練習問題

1 次の（　）にあてはまる語句を答えましょう。
(1) 日本の国会は衆議院と（　参議院　）からなる二院制を採用しています。
(2) 日本の国会は，国の唯一の（　立法　）機関と定められています。

2 次の（　）にあてはまる語句を答えましょう。
(1) 予算の議決や内閣総理大臣の指名などで，衆議院の議決が参議院の議決よりも優先されることを何といいますか。
（　衆議院の優越　）
(2) 毎年1月中に開かれ，おもに次年度の予算の審議と議決を行う国会を何といいますか。
（　常会（通常国会）　）

練 習 問 題

1 次の問いに答えましょう。

(1) 内閣の長を何といいますか。

（ 内閣総理大臣（首相） ）

(2) 内閣が国会の信任に基づいて成立し、国会に対して連帯責任を負う仕組みを何といいますか。

（ 議院内閣制 ）

2 次の（　　）にあてはまる語句を答えましょう。

(1) 日本国憲法は、公務員を「（全体の奉仕者）」であると定めています。

(2) 中央省庁の再編など、簡素で合理的・効率的な行政を目指す動きをまとめて（ 行政改革 ）といいます。

練 習 問 題

1 次の（　　）にあてはまる語句を答えましょう。

(1) 日本国憲法は、司法権の（ 独立 ）を定め、他の権力の干渉を受けないように裁判官の身分保障を手厚くしています。

(2) 裁判には、（ 民事裁判 ）と刑事裁判の2つの種類があります。

2 次の問いに答えましょう。

(1) 第一審の判決を不服として、上の裁判所に訴えることを何といいますか。

（ 控訴 ）

(2) 2009年から始まった、司法に対する国民の理解を深めるための制度を何といいますか。

（ 裁判員制度 ）

練 習 問 題

1 次の三権分立の図中の**A～C**にあてはまる語句を答えましょう。また、**D～G**にあてはまる語句を、下からそれぞれ選びましょう。

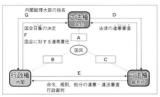

A（ 選挙 ）　B（ 世論 ）
C（ 国民審査 ）　D（ 弾劾裁判所の設置 ）
E（最高裁判所長官の指名）　F（ 衆議院の解散の決定 ）
G（ 内閣不信任の決議 ）

〔 最高裁判所長官の指名　衆議院の解散の決定　弾劾裁判所の設置　内閣不信任の決議 〕

練 習 問 題

1 次の問いに答えましょう。

(1) 地方自治の執行機関のトップである都道府県知事や市（区）町村長を、まとめて何といいますか。

（ 首長 ）

(2) 法律の範囲内で、地方公共団体が独自に制定できる決まりを何といいますか。

（ 条例 ）

2 次の（　　）にあてはまる語句を答えましょう。

(1) 地方公共団体が独自に集める財源を、（ 自主財源 ）といいます。

(2) 地方公共団体が、国から交付されたり市中銀行などから借り入れたりする財源を、（ 依存財源 ）といいます。

19 住民参加

練習問題

1 次の（　　）にあてはまる語句を答えましょう。

(1) 地方自治では，一定数の署名を集めることで条例の制定・改廃などを地方公共団体に求めることができる（　直接請求権　）が認められています。

(2) （　住民投票　）は地域全体の意見を明らかにする目的で行われます。

2 次の問いに答えましょう。

(1) 利益を得ることを目的とせず，公益のためにさまざまな活動を行う非営利組織の略称を何といいますか。
（　　NPO　　）

(2) その地域の住民が集まって，地域の問題の改善や解決を目指して，自主的に行動することを何といいますか。
（　住民運動　）

(4) 図中の「内閣総理大臣」とともに内閣を構成し，その半数以上が国会議員でなければならないとされているものを何といいますか。
（ 国務大臣(閣僚) ）

3 次の図を見て，あとの問いに答えましょう。

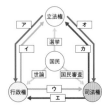

(1) 上の図のように，国の権力を3つに分けて，互いに抑制と均衡を保つ仕組みを何といいますか。（ 三権分立(権力分立) ）

(2) 次の①～④があてはまる位置を，図中の**ア～カ**からそれぞれ選びなさい。

① 最高裁判所長官の指名　　② 国会に対する連帯責任
③ 弾劾裁判所の設置　　④ 法律の違憲審査
①（　ウ　）②（　イ　）
③（　オ　）④（　カ　）

(3) 図中の「選挙」について，一定の年齢以上のすべての国民が選挙権を持つ原則を何といいますか。（　普通選挙　）

(4) 不特定多数の人々への情報伝達の手段であり，図中の「世論」の調査などを行っているものを何といいますか。
（　マスメディア　）

4 地方自治について，次の問いに答えましょう。

(1) 地方公共団体の自主財源であり，住民から徴収する税金を何といいますか。（　地方税　）

まとめのテスト

得点

/100点

1 右の図を見て，次の問いに答えましょう。

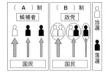

(1) 図中の**A・B**にあてはまる選挙制度の名前をそれぞれ答えなさい。
A（　小選挙区　）
B（　比例代表　）

(2) 次の①・②にあてはまる選挙制度はどちらですか，**A**か**B**の記号で答えなさい。

① 小党が分立しやすくなるので，政局が不安定になりやすい。

② 死票が多いので，意見が反映されなかった有権者の数が多い。　　①（　B　）②（　A　）

2 右は，国会で内閣不信任決議が可決された後の流れを示した図です。次の問いに答えましょう。

(1) 図中の**A**にあてはまる数字を答えなさい。
（　10　）

(2) 図中の**B・C**にあてはまる語句をそれぞれ答えなさい。
B（　解散　）
C（　総辞職　）

(3) 図中の**D**にあてはまる語句を，次の**ア～エ**から選びなさい。

ア 緊急集会　　　　**イ** 常会(通常国会)
ウ 特別会(特別国会)　　**エ** 臨時会(臨時国会)
（　ウ　）

(2) 次の①・②は国から地方公共団体に与えられるお金です。それぞれ何といいますか。

① 地方公共団体どうしの財政の格差をおさえる目的で与えられる。

② 特定の仕事を行うことを目的として，使い道を指定して与えられる。
①（ 地方交付税交付金 ）②（ 国庫支出金 ）

(3) 地方自治における直接請求権は，住民が何を集めることで地方公共団体にさまざまな請求を行うことができる権利ですか。
（　署名　）

20 私たちの消費生活

練習問題

1 次の（　　）にあてはまる語句を，下から選びましょう。

(1) 商品は形のある（　財　）と形のないサービスに分けられます。

(2) 商品が生産者から消費者に届くまでの流れを（　流通　）といいます。

〔　財　物　貨物　物流　流通　〕

2 次の問いに答えましょう。

(1) 商品に欠陥があって消費者に被害を及ぼした場合，その商品を製造した企業の責任について定めた法律を何といいますか。

（製造物責任法（PL法））

(2) 消費者行政の一元化のために置かれている国の役所を何といいますか。

（　消費者庁　）

21 生産活動と企業

練習問題

1 次の（　　）にあてはまる語句を答えましょう。

(1) 企業は（　利潤　）の追求を目的として生産活動を行っています。

(2) 企業が生産した商品を売って得た(1)をもとにして，さらに資本や生産活動を大きくしていく仕組みを（　資本主義経済　）といいます。

2 次の問いに答えましょう。

(1) 企業の社会的責任を，アルファベットの略称で何といいますか。

（　CSR　）

(2) 企業の自由な活動から生まれた画期的な新製品や生産方法の効率化のことであり，社会にも大きな影響を及ぼすものを何といいますか。

（技術革新（イノベーション））

22 株式会社の仕組み

練習問題

1 次の問いに答えましょう。

(1) 株式会社の最高意思決定機関を何といいますか。

（　株主総会　）

(2) (1)で選ばれた役員で構成され，株式会社の具体的な仕事の方針を決めて実行する機関を何といいますか。

（　取締役会　）

2 次の（　　）にあてはまる語句を答えましょう。

(1) 株主は株式会社が利潤の一部を（配当（配当金））として分け与えることを保障されています。

(2) 株式は，（　証券　）取引所などで自由に取り引きされることによって株価が決まります。

23 労働者の権利と課題

練習問題

1 次の（　　）にあてはまる語句を答えましょう。

(1) （　労働基準法　）は，労働時間を1日8時間以内，週40時間以内とすることなどを定めた法律です。

(2) （　終身雇用　）は，1つの企業や役所の正規労働者として定年まで雇用することです。

2 次の問いに答えましょう。

(1) パート・アルバイト，契約労働者，派遣労働者などをまとめて何といいますか。

（　非正規労働者　）

(2) 労働時間を減らしたり，育児・介護のために休む権利を充実させたりして，仕事と生活を両立させることを何といいますか。

（ワーク・ライフ・バランス）

24 価格の決まり方

練習問題

1 次の問いに答えましょう。

(1) 生産者と消費者の間で商品を売り買いする場を何といいますか。
（　市場（マーケット）　）

(2) 資本主義経済では,あらゆる場所に(1)の仕組みが見られることから,何と呼ばれていますか。
（　市場経済　）

(3) (1)において,商品を供給する企業が1社だけの状態を何といいますか。
（　独占　）

(4) (1)において,商品を供給する企業が少数しかない状態を何といいますか。
（　寡占　）

25 金融

練習問題

1 次の（　　　）にあてはまる語句を答えましょう。

(1) （利子（利息））は,お金を借りる側が元金の額に応じて,一定の期間ごとに負担しなければならない金銭です。

(2) 日本で流通する通貨全体の約9割を（　預金通貨　）が占めています。

2 次の問いに答えましょう。

(1) その国の金融や通貨制度の中心という特別な役割を持っている銀行を何といいますか。
（　中央銀行　）

(2) 日本銀行が発券銀行になっていることから,日本の紙幣は何と呼ばれていますか。
（　日本銀行券　）

26 景気と金融政策

練習問題

1 次の問いに答えましょう。

(1) 複数の海外の国に拠点を持つ企業を何といいますか。
（　多国籍企業　）

(2) 異なる通貨の交換比率を何といいますか。
（為替相場（為替レート)）

2 次の（　　　）にあてはまる語句を答えましょう。

(1) 社会全体の需要量や供給量の動きなどに応じて,好景気と不景気が交互にくり返されることを（景気変動（景気循環)）といいます。

(2) 日本銀行は,景気と物価を安定させるために,公開市場操作などの（　金融政策　）を行っています。

27 財政

練習問題

1 次の（　　　）にあてはまる語句を答えましょう。

(1) （社会資本（インフラ））は,道路や水道,港湾など経済活動の基盤となる施設のことです。

(2) （　公共サービス　）は,国や地方公共団体が国民や住民のために行う警察・消防・学校教育・社会保障などの仕事のことです。

2 次の問いに答えましょう。

(1) 国が発行する債券(借金証書)を何といいますか。
（　国債　）

(2) 国が公共投資や税金の増減など,歳入や歳出を通じて景気の安定を図る政策を何といいますか。　（　財政政策　）

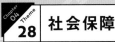

28 社会保障

練習問題

1 日本の社会保障制度について, 次の( )にあてはまる語句を答えましょう。

(1) 生活保護法に基づいて, 最低限の生活を営むように生活費や教育費などを支給する仕組みを(公的扶助)といいます。

(2) 高齢者や障がい者, 子ども, 母子・父子家庭など, 社会的に弱くて自立が難しい人々を支援する仕組みを(社会福祉)といいます。

(3) 各地にある保健所や保健センターを通じて生活環境の改善や感染症の予防などを行い, 人々の健康や生活を守る仕組みを(公衆衛生)といいます。

(4) 保険料を支払い, 病気やケガなどで働けなくなり収入がなくなった場合などに給付を受ける仕組みを(社会保険)といいます。

まとめのテスト

得点 /100点

1 右の図を見て, 次の問いに答えましょう。

(1) この図は, 株式会社の仕組みを示したものです。図中のA〜Dにあてはまる語句を, [____]から選んで書きなさい。

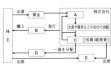

```
株式    資本
配当    利潤
```

A(資本) B(株式)
C(利潤) D(配当)

(2) 図中のEにあてはまる語句を答えなさい。(株主総会)

(3) 株式会社などで働く人たちの権利を守るため, 労働三法が定められています。この労働三法に含まれる法律を, 次のア〜エから2つ選びなさい。[順不同]
ア 労働契約法　イ 労働組合法　ウ 労働基準法
エ 製造物責任法
(イ)(ウ)

2 右は, ある商品の価格の決まり方を表したグラフです。このグラフを見て, 次の問いに答えましょう。

(1) この商品の均衡価格はいくらですか。(300)円

(2) この商品が1個700円で売られた場合について, 次の文中の[____]にあてはまる数字を答えなさい。

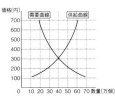

需要量は約20万個だが, 供給量はそれよりも約[____]万個多くなる。
(40)万個

(3) この商品が1個200円で売られた場合, 売り切れと売れ残りのどちらになると考えられますか。売り切れか売れ残りかで答えなさい。
(売り切れ)

3 次の図は金融の仕組みを表した図です。この図を見て, あとの問いに答えましょう。

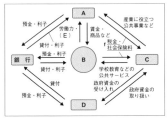

(1) 図中のA〜Cにあてはまる主体の名前を, 次のア〜ウからそれぞれ選びなさい。
ア 家計　イ 企業　ウ 政府
A(イ) B(ア) C(ウ)

(2) 図中の「銀行」は預金の[____]よりも貸付の[____]を高くして, その差額を収入にしています。[____]にあてはまる語句を答えなさい。(金利（利子率）)

(3) 日本の中央銀行である図中のDを何といいますか。
(日本銀行（日銀）)

(4) 図中のEは, 財やサービスを買うためにお金を支払うことです。これを何といいますか。(消費支出)

(5) 図中の下線部fについて, 次の各問いに答えなさい。

---

① 消費税のように, 納める人と税金を負担する人が異なる税金を何といいますか。(間接税)

② 社会保険料によって運営される社会保険と, 公的扶助・社会福祉・公衆衛生をまとめて何といいますか。(社会保障)制度

(6) 図中のCとDは景気の安定化のために協力しています。不景気(不況)のときに起こることや行われる政策を次のア〜エから2つ選びなさい。[順不同]
ア 物価の下落が続くデフレーションが起こる。
イ 物価の上昇が続くインフレーションが起こる。
ウ Cが減税を行って, 消費・生産活動が活発になるようにする。
エ Dが売りオペを行って, 銀行の資金量を減らし, 企業への貸し出しをおさえる。
(ア)(ウ)

29 国家

練習問題

1 次の問いに答えましょう。
(1) 「国家の三要素」は，領域のほかに何がありますか。[順不同]
（　　国民　　）（　　主権　　）
(2) 領域は，3つで構成されています。それらをすべて答えましょう。
[順不同]
（　　領空　　）（　　領土　　）
（　　領海　　）

2 次の（　　）にあてはまる語句を答えましょう。
(1) 国際法のうち，長年守られてきたしきたりが法となったものを
（　国際慣習法　）といいます。
(2) 国際法のうち，2つかそれ以上の国どうしが文書によって合意した内容が法となったものを（　成文国際法　）といいます。

30 国際連合

練習問題

1 次の（　　）にあてはまる語句を答えましょう。
(1) 毎年9月に開かれ，すべての加盟国が参加して討議や議決などを行う国連の全体会議を（　総会　）といいます。
(2) 安全保障理事会では，常任理事国のみに（　拒否権　）が認められています。

2 次の問いに答えましょう。
(1) 国際連合が紛争地域に停戦監視団や選挙監視団などを派遣して，紛争後の平和を守る活動を何といいますか。
（　平和維持活動（PKO）　）
(2) 国連は，安保理の決定に基づき平和を乱した国に対して，経済的・軍事的な制裁を加えることができます。この考え方を何といいますか。
（　集団安全保障体制　）

31 地域主義と経済格差

練習問題

1 次の地域主義に基づく組織の略称をそれぞれアルファベットで答えましょう。
(1) アジア太平洋経済協力会議　（　APEC　）
(2) 東南アジア諸国連合　（　ASEAN　）
(3) ヨーロッパ連合　（　EU　）

2 次の（　　）にあてはまる語句を答えましょう。
(1) 発展途上国の多くは，（モノカルチャー経済）という，特定の農産物や鉱産資源の輸出に依存する経済構造のために貧しさからの脱出が難しくなっています。
(2) 発展途上国のうち，工業化を進めたり自国の資源を有効に活用したりして経済成長をなしとげた国を（　新興国　）といいます。

32 地球環境問題

練習問題

1 次の（　　）にあてはまる語句を答えましょう。
(1) 大気中の温室効果ガスの増加によって，地球全体の気温が上昇していく問題を（地球温暖化）といいます。
(2) 二酸化炭素は，石炭，石油，天然ガスなどの（　化石燃料　）を燃焼させることによって大量に排出されています。

2 次の問いに答えましょう。
(1) 1992年にブラジルで開かれた国連環境開発会議には，各国の首脳が参加したため，何と呼ばれていますか。
（　地球サミット　）
(2) 2015年に何が採択されて，先進工業国と発展途上国がともに温室効果ガスの削減目標を設定することになりましたか。
（　パリ協定　）

33 資源・エネルギー問題

練習問題

1 次の問いに答えましょう。

(1) アメリカの近海などで採掘が盛んな,地中の頁岩に含まれる天然ガスを何といいますか。

(シェールガス)

(2) 日本近海の海底などに分布する"燃える氷"は,メタンを含むことから何と呼ばれていますか。

(メタンハイドレート)

2 次の( )にあてはまる語句を答えましょう。

(1) 2011年に起こった(東日本大震災)にともなう津波で発電所の事故が発生したため,原子力発電の見直しが行われました。

(2) いずれは枯渇する化石燃料に対して,自然の働きで供給されるために枯渇の心配がないエネルギーをまとめて(再生可能エネルギー)といいます。

34 貧困問題

練習問題

1 次の( )にあてはまる語句を答えましょう。

(1) (飢餓)とは,食料の不足によって栄養が足りないため,生命が危険な状態となることです。

(2) 国際復興開発銀行の定義では,1日の生活に使うことができる金額が1.9ドル未満ならば,その人は(貧困)の状態といえます。

(3) 発展途上国の商品を不当に安く買うことなく,その生産活動に見合うような公正な価格で貿易することを(フェアトレード)といいます。

(4) 発展途上国の人々が新しく事業を始められるように,少額の資金を担保なしで貸し出すことを(マイクロクレジット)といいます。

35 新しい戦争と難民

練習問題

1 次の( )にあてはまる語句を答えましょう。

(1) 「新しい戦争」のうち,武装集団が無差別攻撃を行ったり建造物を破壊したりすることを(テロリズム(テロ))といいます。

(2) 「新しい戦争」のうち,1か国の国内,または周辺の国を巻き込んで起こる戦争を(地域紛争)といいます。

(3) 戦争や地域紛争,政治的な迫害などのために住んでいた場所を離れて,別の土地で避難生活を送る人たちを(難民)といいます。

(4) (国連難民高等弁務官事務所(UNHCR))は(1)の保護や支援を行うために設立された国際連合の機関です。

36 世界の中の日本

練習問題

1 次の( )にあてはまる語句を答えましょう。

(1) 国際貢献を重視する日本は,アジアなどの発展途上国に対してさまざまな形で開発を支援する(政府開発援助(ODA))を行っています。

(2) 民族,宗教,文化などの多様性を尊重して(異文化理解)を進めることは,平和で持続可能な社会を築くことにつながります。

2 次の問いに答えましょう。

(1) 平和主義を採る日本が,唯一の被爆国という立場から核兵器の廃絶を目指して何という原則を掲げていますか。

(非核三原則)

(2) 国だけではなく,世界のあらゆる人間一人ひとりの生命や人権を大切にしようとする考え方を何といいますか。

(人間の安全保障)

Chapter 05

まとめのテスト

得点

/100点

1 A～Cの図を見て, 次の問いに答えましょう。

(1) 国家の領域について, Aの図中の①・②にあてはまる語句を答えなさい。

①(領空)
②(領土)

(2) 排他的経済水域の範囲として正しいものを, Aの図中の**ア**～**エ**から選びなさい。

(ア)

(3) Bは国際連合の組織図です。Bの図中の**W**～**Z**にあてはまる組織の説明を, 次の**ア**～**エ**からそれぞれ選びなさい。

ア すべての加盟国で構成される。
イ 5か国が拒否権を持つ。
ウ 国際法に基づいて国家間の紛争を裁く。
エ 現在は活動を停止している。

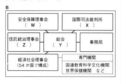

W(イ) X(ウ)
Y(ア) Z(エ)

(4) Cの図について, 図中の①・②の経済格差の問題をそれぞれ何といいますか。

①(南北問題)
②(南南問題)

(5) Cの図中の下線部のBRICSに含まれない国を, 次の**ア**～**エ**から2つ選びなさい。[順不同]

ア 中国　　**イ** インド
ウ 韓国　　**エ** シンガポール

(ウ)(エ)

2 右の年表を見て, 次の問いに答えましょう。

(1) 年表中の**A**によって核兵器の保有が認められた国を, 次の**ア**～**エ**から選びなさい。

ア 中国
イ インド
ウ 北朝鮮
エ パキスタン

年代	おもなできごと
1968	核拡散防止条約(NPT)が結ばれる……A
1989	X の終結宣言が行われる
1997	京都議定書が採択される …………B
2001	Y
2011	東日本大震災が起こる …………C

(ア)

(2) 年表中の X には, アメリカとソ連が戦火を交えずに対立していたことを表す言葉があてはまります。それは何という言葉ですか。

(冷戦)

(3) 年表中の**B**では, 地球温暖化を促進する二酸化炭素などの気体の排出の削減を先進工業国に義務づけました。このような気体を何といいますか。

(温室効果ガス)

(4) 年表中の Y にあてはまるできごとを, 次の**ア**～**エ**から選びなさい。

ア パリ協定が採択される　**イ** アメリカ同時多発テロが起こる
ウ ソ連が解体する　　　　**エ** ユーゴスラビア紛争が始まる

(イ)

(5) 年表中の**C**の影響で見直されたのは, どの発電方法ですか。

(原子力)発電

3 次の**A**・**B**の資料を見て, あとの問いに答えましょう。

A

B

(1) **A**は世界の人口の推移を示したグラフです。

① このように人口が急激に増えることを何といいますか。

(人口爆発)

② 現在, 世界で最も栄養不足の人口の割合が高くなっている州を, **A**のグラフ中から選びなさい。(アフリカ)州

(2) **B**は, 国連の平和維持活動に参加して, 地雷を除去している自衛隊のようすです。

① 国連の平和維持活動の略称を何といいますか。

(PKO)

② 地雷のような兵器や兵力などの軍備の削減を何といいますか。

(軍縮)

伊藤　賀一（いとう　がいち）
1972年京都生まれ。新選組で知られる壬生に育つ。洛南高校・法政大学文学部史学科卒業後、東進ハイスクールを経て、現在、リクルート運営のオンライン予備校「スタディサプリ」で高校倫理・政治経済・現代社会・公共・日本史・歴史総合、中学地理・歴史・公民の９科目を担当。43歳で一般受験し、早稲田大学教育学部生涯教育学専修を2022年に卒業。著書・監修書に『改訂版 世界一おもしろい 日本史の授業』『「カゲロウデイズ」で中学歴史が面白いほどわかる本』『笑う日本史』（以上、KADOKAWA）、『くわしい 中学公民』（文英堂）などがある。

ゼッタイわかる　中学公民（ちゅうがくこうみん）

2023年２月25日　初版発行

監修／伊藤 賀一（いとう がいち）

キャラクターデザイン／モゲラッタ

カバーイラスト／れい亜（あ）

漫画／あさひまち

発行者／山下 直久

発行／株式会社KADOKAWA
〒102-8177　東京都千代田区富士見2-13-3
電話　0570-002-301（ナビダイヤル）

印刷所／株式会社加藤文明社印刷所

●お問い合わせ
https://www.kadokawa.co.jp/（「お問い合わせ」へお進みください）
※内容によっては、お答えできない場合があります。
※サポートは日本国内のみとさせていただきます。
※Japanese text only

定価はカバーに表示してあります。

ISBN 978-4-04-605994-9　C6037

ゼッタイ
わかる
シリーズ

マンガ×会話で
成績アップ！

自宅学習や学校・塾の
プラス1にも

改訂版
ゼッタイわかる
中1英語
監修：竹内健，
キャラクターデザイン：
モゲラッタ，
カバーイラスト：ダンミル，
漫画：あさひまち，
出演：浦田わたる
ISBN：978-4-04-605008-3

改訂版
ゼッタイわかる
中2英語
監修：竹内健，
キャラクターデザイン：
モゲラッタ，
カバーイラスト：hatsuko，
漫画：あさひまち，
出演：からつけあっきぃ
ISBN：978-4-04-605013-7

改訂版
ゼッタイわかる
中3英語
監修：竹内健，
キャラクターデザイン：
モゲラッタ，
カバーイラスト：八三，
漫画：あさひまち，
出演：鹿乃
ISBN：978-4-04-605020-5

改訂版
ゼッタイわかる
中1数学
監修：山内恵介，
キャラクターデザイン：
モゲラッタ，
カバーイラスト：はくり，
漫画：葛切ゆずる
ISBN：978-4-04-605009-0

改訂版
ゼッタイわかる
中2数学
監修：山内恵介，
キャラクターデザイン：
モゲラッタ，
カバーイラスト：はくり，
漫画：ぴゃあ
ISBN：978-4-04-605014-4

改訂版
ゼッタイわかる
中3数学
監修：山内恵介，
キャラクターデザイン：
モゲラッタ，
カバーイラスト：はくり，
漫画：諒旬
ISBN：978-4-04-605015-1

改訂版
ゼッタイわかる
中1理科
監修：佐川大三，
キャラクターデザイン：
モゲラッタ，
カバーイラスト：Lyon，
漫画：杜乃ミズ
ISBN：978-4-04-605010-6

改訂版
ゼッタイわかる
中2理科
監修：佐川大三，
キャラクターデザイン：
モゲラッタ，
カバーイラスト：やまかわ，
漫画：青井みと
ISBN：978-4-04-605016-8

改訂版
ゼッタイわかる
中3理科
監修：佐川大三，
キャラクターデザイン：
モゲラッタ，
カバーイラスト：しぐれうい，
漫画：尽
ISBN：978-4-04-605017-5

改訂版
ゼッタイわかる
中学地理
監修：伊藤賀一，
キャラクターデザイン：
モゲラッタ，
カバーイラスト：U35，
漫画：あさひまち
ISBN：978-4-04-605012-0

改訂版
ゼッタイわかる
中学歴史
監修：伊藤賀一，
キャラクターデザイン：
モゲラッタ，
カバーイラスト：夏生，
漫画：あさひまち
ISBN：978-4-04-605011-3

ゼッタイわかる
中学公民
監修：伊藤賀一，
キャラクターデザイン：
モゲラッタ，
カバーイラスト：れい亜，
漫画：あさひまち
ISBN：978-4-04-605994-9

KADOKAWA